中华 爱国
人物故事
ZHONGHUA AIGUO RENWU GUSHI

威震太行的抗日名将左权

郭雪飞　陈小龙　编著

吉林人民出版社

图书在版编目(CIP)数据

威震太行的抗日名将左权 / 郭雪飞, 陈小龙编
著. -- 长春: 吉林人民出版社, 2011.5
(中华爱国人物故事)
ISBN 978-7-206-07901-6

Ⅰ.①威… Ⅱ.①郭… ②陈… Ⅲ.①左权(1905～
1942) - 生平事迹 Ⅳ.①K825.2

中国版本图书馆CIP数据核字(2011)第075679号

威震太行的抗日名将左权

WEIZHEN TAIHANG DE KANGRI MINGJIANG ZUO QUAN

编　　著:郭雪飞　陈小龙
责任编辑:王一莉　赵　磊　　　封面设计:七　洱
吉林人民出版社出版 发行(长春市人民大街7548号　邮政编码:130022)
印　　刷:鸿鹄(唐山)印务有限公司
开　　本:670mm×950mm　　1/16
印　　张:8　　　　　　　字　　数:70千字
标准书号:ISBN 978-7-206-07901-6
版　　次:2011年5月第1版　　印　　次:2023年6月第4次印刷
定　　价:35.00元

如发现印装质量问题,影响阅读,请与出版社联系调换。

总　序

胡维革

　　《中华爱国人物故事》是一套故事丛书。它汇集了我国历史上80位古圣先贤、民族英雄、志士仁人、革命领袖、先进模范人物的生动感人史迹，表现了作为中华民族优秀传统的伟大的爱国主义精神。

　　爱国主义是人们对于"生于斯、长于斯、衣食于斯"的祖国的一种神圣感情，是人们对于自己民族的一种强烈的责任感和使命感，是感召和激励整个中华民族的一面永不褪色的旗帜。在漫长的历史上，爱国主义一直激励着中华儿女为祖国的独立、统一、进步和繁荣而英勇奋斗。从伟大的思想家教育家孔子到统一全国的千古一帝秦始皇，从秉笔直书著《史记》的司马

迁到鞠躬尽瘁死而后已的诸葛亮,从伟大的浪漫主义诗人李白到精忠报国的民族英雄岳飞,从七下西洋传播友谊的郑和到抗击倭寇的民族英雄戚继光,从苟利国家生死以的林则徐到为变法流血的第一人谭嗣同,从威震敌胆的抗联将军杨靖宇到人民音乐家聂耳与冼星海,从踏遍青山人未老的李四光到万婴之母林巧稚,从县委书记的好榜样焦裕禄到情系雪域献身高原的孔繁森……都表现出了强烈的爱国主义精神。正是由于热爱祖国的人们前仆后继地奋斗,国家和民族才得以生存,历经一次次历史危急关头而能转危为安,走向兴盛和富强,从而屹立于世界民族之林。爱国主义是鼓舞中华儿女历经忧患、跨越沧桑、百折不挠、自强不息的伟大力量,它贯穿于中华民族的整个历史,并有力地凝聚着五洲四海的中国人。

爱国主义是一个历史的范畴,在社会发展的不同阶段、不同时期有着不同的具体内容。革命时期,需要我们为祖国的独立自主出生入死;建设时期,需要我们为祖国的繁荣富强增砖添瓦;在全国各族人民团结一心建设富强、民主、文明、和谐的社会主义现代化国家的今天,我们要争做一名新时期的爱国者。新时期的爱国者要有强烈的民族自尊心和自豪感。民族自尊心和自豪感是任何时期任何爱国者都必须具备的情感。民族自尊心能增强我们自立向上的恒心,民族自豪感能树立我们建设祖国的信心。要树立"祖国高于一切"的崇高信念,为了祖国和人民的利益不惜抛却个人的利益,甚至不惜牺牲个人的生命。要树立终身学习的理念,拓

宽自己的知识面,广泛吸收新知识新技术,完善
自身的知识结构,更新学习知识的方法与理念,
从思想上、知识上充分武装自己,为祖国的繁荣
昌盛贡献力量。

爱国主义思想的继承和发扬,是关系到民
族盛衰、国家兴亡的根本问题。一代代人爱国
主义思想情操的形成,需要不断地培养。培养
爱国主义的一个重要途径是向爱国主义的英雄
人物和典范事迹学习。这套丛书的出版,对于
人们向英雄和先进人物学习,特别是对于在中
小学生中进行爱国主义教育,将可提供一些生
动的教材。祝愿此书出版发行成功,为培养"四
有"新人做出贡献。

于 2011 年 4 月 23 日

世界读书日

中华爱国人物故事

目录
CONTENTS

目 录。
CONTENTS

由农家子弟到
军事将领的革命生涯

　　左权是中国工农红军和八路军高级指挥员，著名军事家。1905年生，湖南省醴陵县人。1924年入黄埔军校第一期学习。1925年2月加入中国共产党。同年12月赴苏联，先后在莫斯科中山大学、伏龙芝军事学院学习。1930年回国后到中央苏区工作，先后任中国工农红军学

莫斯科中山大学

校第一分校教育长、新十二军军长、第五军团第十五军军长兼政治委员、中革军委第一局局长和红一军团参谋长等职，参加了中央苏区历次反"围剿"作战和长征。1936年5月，任红一军团代理军团长。

全国抗战爆发后，担任八路军副参谋长、八路军前方总部参谋长，后兼八路军第二纵

左权将军

队司令员，协助朱德、彭德怀指挥八路军开赴华北抗日前线，开展敌后游击战争，粉碎日军多次残酷"扫荡"，威震敌后。其高超的指挥艺术，严密细致的参谋业务，扎实的工作作风，深受朱、彭的赞扬。1940年秋，协助彭德怀指挥著名的百团大战。1941年11月指挥八路军总部特务团进行黄崖洞保卫战，经8昼夜激战，以较小的代价歼敌千余人，被中央军委称为"'反扫荡'的模范战斗"。他还"是一个有理论修养同时有实践经验的军事家"，从1939年至1941年，他撰写了《论坚持华北抗战》《埋伏战术》《袭击战术》《战术问题》《论军事思想的原理》等文章40余篇。左权为创建并巩固华北抗日根据地，发展壮大人民抗日武装，为八路军的全面建设，建立了不朽的功勋。1942年5月，日军对太行抗日根据地进行"铁壁合围"大"扫荡"。25日，他在山西省辽县麻田附近指挥部队掩护中共中央北方局和八路军总部等机关突围转移时，在十字岭战斗中壮烈殉国，年仅37岁。

左权是八路军在抗日战场上牺牲的最高指挥员。名将阵亡，太行山为之低咽，全党为之悲痛。周恩来称他"足以为党之模范"，朱德赞誉他是"中国军事界不可多得的人才"。为纪念左权，晋冀鲁豫边区政府决定将辽县改名为左权县。

1905年3月15日（农历二月初十）左权诞生在风景

左权烈士陵园纪念碑

秀丽的湘江畔——湖南省醴陵县平桥乡黄猫岭村一户贫苦的佃农家里。

家庭是孩子的第一所学校，父母是孩子的第一任老师。左权后来之所以能仗义执言、爱国如渴，成为一个民族英雄是与母亲张氏和叔父左铭三的关怀、教育分不开的。左权的父亲叫左兆新，母亲张氏，都是佃农。左权有三个哥哥和一个姐姐。在左权牙牙学语，扶着凳子学走路时，年仅31岁的父亲积劳成疾，与世长辞了。六口之家的生活重担，无情地落在了左权母亲的肩上了

左权的母亲张氏是一个坚强的农村妇女，她虽不识字，不善言辞，却有了双勤劳的手和一颗善良、正直的心。她没有被眼前的困难和不幸所吓倒，而是在命运为她铺设的坎坷的生活道路上，披荆斩棘走出一条活路。她为了抚育几个子女起早贪黑，含辛茹苦，苦熬了一年又一年，支撑着这个不幸的家庭。

穷人的孩子早早地挑起了生活的重担。左权6岁的时候，就开始帮助母亲操持家务。他上山打柴、放牛，下地劳动，打猪草，什么农活都干。贫困也是一所学校，尽管左权没有欢乐的童年，青少年时期是在苦难中度过的，但正是这贫困，正是这苦难培养了左权坚忍不拔、奋勇向前的性格。1916年醴陵一带闹春荒。家里无米下锅，揭不开锅盖。母亲叫左权的三哥应林到外婆家去借

麻田八路军总部纪念馆

点粮食。外婆家住醴陵县城郊区丁家坊，相距四十里路。12岁的应林早起饿着肚子，整整走了一上午，快到外婆家的时候已经累得满头大汗，眼冒金星了。不料，由于体力不支，一下子栽进水塘里，等附近的农民赶来救起时，应林已经断了气。母亲知道后，悲痛欲绝。一家人大哭了一场。三哥的惨死，给左权幼小的心灵刻下了深深的伤痕，他好像猛地长大了几岁，更加懂事了。贫苦农民终年劳累，缺衣少吃饿肚皮，富人家却趁春荒囤粮卖高价，世道实在不公平。三哥死后，左权更加体贴辛勤劳碌的母亲，尽量帮助家里多做事，成了母亲料理家务的好助手。

　　尽管家境很贫穷，母亲还是很疼爱左权的，并没有放松对他的关怀和教育。有一次，左权在放牛时和邻居家的孩子争地盘，斗口舌，两个人在牛背上打了起来。左权见小伙伴是个没有力气的人，便把赶牛用的竹条当成长枪，戳、砍、抽、打，把那牛和牛背上的小伙伴杀得团团转。小伙伴吓得哇哇直哭，狠劲拍着牛屁股，飞也似地跑回家里去了。左权高兴得哈哈大笑，像个得胜的将军一样唱着山歌，"班师回朝"。晚上，母亲知道了此事，她把左权叫到面前，神情严肃地命他跪下，谆谆地告诫他说："你打人是不对的，欺侮打不过你的人，更是不对的！你要好好记住，从小干什么事长大就成什么

人，你长大了切不要当一个欺弱怕强的人！"左权向母亲做了检讨，表示一定要记住母亲的教诲，再也不欺负小伙伴了，并按乡下习惯，把一根麻绳扎在手指上，表示不再重犯。

后来，左权的叔父左铭三知道了此事，他开导左权说："在中国，在世界上无不是弱肉强食。欧洲几个资本主义列强，横行世界，任意宰割弱国。在国内，上自将相，下至一般的官吏，都贪污受贿，侵吞民脂民膏，都仗恃着自己有力量而欺负、凌辱弱者。孟子说过，'以力服人者，非心服也，力不赡也，以德服人者，中心悦而

左权将军儿时故居

诚服也。'君子处世，要慎于开头，要从小做起，从小种下什么，长大就收获什么。没有教养，不分是非，勇敢就成了粗暴。强国有虎狼，弱国需要勇士。一个人只有爱国若渴，并愿意为了祖国牺牲自己的一切，才配做真正的勇士。"叔父的一席话深深打动了他，在他幼小的心灵中牢牢地打上了这样一个信条：凡事要从小做起，长大了才能成为一个对国家有用的人；一个人只有热爱自己的国家，才配称真正的人。

1913 年，左权 8 岁时，进入村里一个私塾学习文化。念《三字经》《孟子》《论语》等。没有钱买书包，他自己用两块木板，两端系上绳子，做成一个书夹。1915 年左权又进了村办的小学——私立成城小学。左权进校读新学。他酷爱古文，除了背唐诗，读《古文观止》之外，还喜欢看《三国演义》《水浒》等书。

左权的老师匡宜民是个有识之士。他早年曾追随孙中山，参加过辛亥革命，具有浓厚的民主主义革命思想。匡宜民先生常常在课堂上向学生讲述辛亥革命的故事，传播爱国思想。他向学生讲述1840年鸦片战争中英国是如何用坚船利炮打开中国大门的，他向学生讲述1860年英法联军攻入北京后是怎样血洗圆明园的；他讲述1894年中日甲午战争中中国领土台湾、澎湖列岛是怎样被割占的；他讲述1900年八国联军怎样镇压义和团和清政府屈辱投降与列强11国签定《辛丑条约》的，他讲袁世凯为了独裁，为了当皇帝是怎样出卖国家主权的。在匡老师的教育和熏陶下，左权的政治意识、民族意识逐步增强。

1915年6月的一天，匡先生拖着沉重的脚步走上讲台，他双眼含泪，一句话也不说。

同学们惊呆了，不知发生了什么事，睁着一双双惊慌的眼睛看着老师。匡先生猛地背过身去，拿起粉笔，在黑板上写了"毋忘五九国耻"几个惨白的大字，他再也抑制不住了，放声大哭。这一堂课上的时间很长，悲哀拌和着愤怒，像密封的火药在燃烧……

放学了，左权还是激动不已。他在自己的书夹板上写了"毋忘五九国耻"几个大字，背在背上，飞也似地奔向村里，一边跑还一边叫，人多处，索性站下来，向乡里的父老兄弟姐妹讲解袁世凯卖国的二十一条。他还和同学们到附近的山村去演讲，流着泪高唱《五九国耻歌》：

高丽国，

琉球岛，

与台湾，

地不小，

可怜都被它并吞了。

无公理，

灭人道，

好河山，

将送掉。

最伤心，

四年"五九"噩耗，

为奴当婢眼前到。

这国耻，

何时消？

祖国，像在汪洋中行驶的一艘破船，连孩子们也成了她的船员，她才不至于沉没呀！在左权的眼里，日本已经是最坏的帝国主义了。他懂得一个人爱国，就要关心祖国，和祖国同呼吸，共患难。

1919年夏天，14岁的左权读完了小学，他又考进了北联高小（醴陵县北一二三四区联合高等小学）。左权读书用功，学业进步很快，成绩在班上名列前茅，特别是语文和地理学得最好，经常得到老师的赞扬。遇有难题，他总要想办法搞清楚，即使从学校回家已经晚了，也要走上四五里路去找人请教。课余时间，左权喜欢和同学们玩"打江山"，就是大家站在一个土堆上，看谁坚持最久，不被别人拉下去。他站在土堆上，猫着腰，奋力左推右挡，同学们很难把他拉下来。左权对学校的军事体操课特别认真，有一次族弟左纪凡去看他时，正好下兵操课。他对左纪凡说："要练好身体，学好兵操，要有军事知识，将来好为国家出力打仗。"前此半年，1918年11月11日，打了4年多的第一次世界大战，以德、奥同盟国的失败宣告结束。翌年1月18日，协约国集团在法国巴黎的凡尔赛宫召开所谓的和平会议，以处置战败国在世界各地殖民地的权益，重新划分势力范围。中国的北洋政府曾于1917年对德宣战，也以战胜国资格参加会议。中国代表团由北京政府外交总长陆征祥、驻美公使顾维钧、驻英公使施肇基、驻比利时公使魏宸组、王正廷五人组成。代表团在国内舆论的推动下，向巴黎和会提出八项要求，即废弃列强在中国的势力范围、撤退外国军队巡警、裁撤外国邮局及有线无线电报机构、撤销领事裁判权、归还租借地、归还租界、关税自由权、取消二十一条。但巴黎和会以"不在和平会议权限以内"为理由拒绝讨论。接着中国代表团提出关于处置山东问题的意见，要求将德国在胶州湾的租借地、胶济铁路及在山东的其他权益，直接归还中国。但帝国主义列强为了保持各国的既得利益，决定牺牲中国，把德国在中国山东的特权转让给日本。作为一个主权国和战胜国的中国，不仅没有争回自己的主权，反而被帝国主义列强任意宰割，实在令人气愤。消息传入国内，全国各界群众无不愤慨万分，终于爆发了以"外争国权，内惩国贼"为主要口号的政治运动，即五四爱国运动。

五四运动以北京为起点，迅速席卷全国。5月下旬，左权就读的北联高小全体师生罢课了。师生们手执"誓雪国耻""收回青岛""抵制日货""取消二十一条"的小旗，走乡串户，唤醒民众。左权还和同学们到学校附近的姚家坝、板松铺、青安铺这些小镇上演说青岛问题、亡国惨史，提倡国货，抵制日货。演说完毕，到各商户检查。洋官纱、东洋绸、标布、应用器具、饰美花卉、

洋钉、洋火、洋伞、洋油，凡有应柜日货，一经查出，当众销毁。左权他们还在各店铺门口贴上"常怀国耻，莫用日货"的白话报，使店主警悟。但是学生的爱国运动却遭到了湖南省督军张敬尧的镇压，左权他们又回到了北联高小的课堂里。

这件事使左权明白了一个道理：帝国主义列强和中国的反动派是相互勾结的，要争取中华民族的独立解放，必须先推翻国内的反动派。

1923年冬，广州大元帅府的军政部长程潜派人来醴陵县招收大本营陆军讲武学校的学生。1923年初孙中山从上海到了广州，3月2日组成新政府——大元帅府大本营。孙中山决心北伐，统一中国。革命形势的发展，迫切需要军事干部。大元帅府大本营于1923年冬着手创建一所军事学校，由军政部负责筹办。军政部部长程潜是湖南醴陵人，清末秀才，早年加入中国同盟会。日本陆军士官学校毕业，曾任非常大总统府陆军总长，对其家乡很有影响。派来的人叫柳漱风，也是湖南醴陵人，因此特别注意招收家乡的弟子。"这次来湘招生到广州区军训，筹办讲武学校是秘密的，你们对外不要声张。可以三五个人一起去，但务必半月内动身。"来人对学生们说。这样，一条陌生的路出其不意地延伸到了左权的脚下，国家正值多事之秋，弃文就武也许是一条救国救民

「黄埔军校」旧址

之道，他毅然决定报名。经过考试后，左权真的被录取了。12月，左权告别家乡父老，于醴陵县城伍家巷维新旅社会同去讲武学校的同学，由阳三石上火车，转道长沙、汉口、上海，经香港、抵达广州，开始了一生职业军人的生涯。

1924年11月，左权与蔡申熙等人转入黄埔军校，编为第一期第六队。左权入黄埔后学习十分刻苦，成绩优异，受到各方瞩目。一个星期天，左权正抱着本《水浒》看得入神，突然肩膀上被人猛拍一掌。他一惊，忙抬起头，原来是讲武学堂时的老同学、湖南老乡陈赓。左权笑道"一点没礼貌，把我吓病了你可得负责呀。"

陈赓大咧咧地说："看得这么专注，连别人走近了都不知道，这要是战场上也这么入神，还不被人摸掉了。"左权对他的玩笑报以无奈地一笑。

陈赓问他："看什么书这么入神？噢，《水浒》，可惜呀，轰轰烈烈的梁山泊农民起义，愣要受官府招安，全给断送了。"

左权笑着说："这些英雄刻画得多好，中国多几个这样的英雄好汉，天下人的日子就好过多了。"

陈赓认真地看了他一眼问："你真这么想吗？走，出去走走。"

后来，陈赓又几次催左权出去"走走"，向他介绍了许多革命理论。1925年1月，左权在陈赓、周逸群的介绍下，加入了中国共产党。此时，他刚好20岁。从此，共产主义信仰"成为他以后近20年政治生活的准绳"。与蒋先云、周逸群、许继慎、李之龙、陈赓等人都是青年军人联合会的重要人物，同"孙文主义学会"的右派进行了坚决斗争。同年2月，左权开始步入军事生涯，在讨伐陈炯明的第一次东征中，作战英勇，曾任黄埔军校学生军（党军）教导团排、连长。6月回师广州后，左权又参加了平定滇、桂军阀杨希闵、刘震寰的战斗。7月，在程潜攻鄂军（后来改编成国民革命军第6军）卫队任连长，参加了彻底消灭陈炯明的第二次东征。

"黄埔军校"旧址

　　黄埔军校毕业后，左权参加了东征战斗。淡水城下，他和战友们搭人梯攻城。棉湖之役，左权率一连之众冲锋在前，缴获最多。左权在战斗中的表现给苏联顾问留下了很深刻的印象。这年秋天，苏联共产党和苏联政府为了帮助中国培养革命人才，在莫斯科创立了孙逸仙中国劳动大学（亦称中山大学）。在中共党组织和苏联顾问

的推荐下，左权被保送到苏联学习。

左权到中山大学后，被分在第一期第七班，这个班上有后来成为国民党要人的谷正纲、谷正鼎、邓文仪等，也有后来成为我党著名人物的邓小平、傅钟、李卓然、朱瑞等。

1927年9月，左权转到伏龙芝军事学院学习军事，与刘伯承、陈启科等同班。1930年4月，左权以优异成绩毕业，奉命回国。左权化装成一个俄文教员，头戴鸭舌帽，身穿蓝呢子大衣，鼻梁上架着一副镀金圆框眼镜，随身携带一批俄文书籍和一只表明身份的精致的俄国皮箱。左权与刘伯承等人一起从莫斯科乘火车至乌苏里斯克（中国人称其为双城子）下车，然后分两路偷渡绥芬河入境。他们又由绥芬河，经哈尔滨、沈阳到大连。到大连后，左权赶紧直奔约定地点。等了一会儿，远远看见刘伯承过来了，却没有朝这边看自己一眼。左权正想走过去，突然发现刘伯承身后几米外有一个人，头和身子都裹在高高的大衣领子里，两个眼睛紧盯着刘伯承，不紧不慢地跟着。左权只好眼睁睁地看着他们走过去了。看来刘伯承已经注意到了身后的可疑人物，故意带着"尾巴"来接头地点给左权看。左权跟在他们后面，看见他们进了一家杂货店，左权也赶紧进去，在一个柜台前站住，故意让刘伯承看见，两人顺柜台慢慢靠拢，错肩的时候，左权用俄语低声说："有狼，出去后钻巷子。"刘伯承也轻声说了个地点，然后带着"尾巴"出去了。一会儿，左权也跟过去，看刘伯承一过去，突然闪身出来，跟"尾巴"结结实实撞了个满怀。"尾巴"被撞得眼冒金星，却来不及发火，匆匆紧走几步去找目标，哪里还有人影？等他醒过神来找撞他的人时，左权也早没影

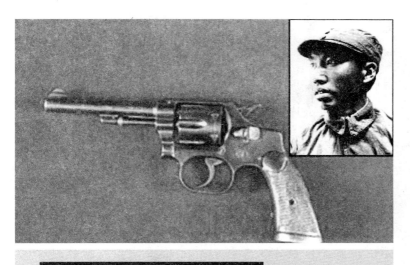

左权将军在战斗中使用过的左轮手枪

了。

甩掉了"尾巴"，他们在预定接头地点会合后，急忙离开大连，到达上海后，找到了党中央。

过了几天，老同学陈赓突然出现在面前。陈赓戴着黑礼帽，一身中山装，活脱脱一个国民党党棍，如果不是那熟悉的声音，简直不敢相认。久别重逢，两人心里自然十分高兴，然而身处险地，没有长谈的时间。陈赓通知他，几天内赶快离开上海。原来，与他们一同回国的黄第洪叛变了，写信给蒋介石，卖党求荣，甚至准备配合敌特诱捕周恩来。不料他的行踪被陈赓领导的特科发觉，于是通知左权他们火速转移，设法去苏区。离沪前夕，左权给家里写信说："我虽回国，却恐十年不能还

家，老母赡养，托于兄长，我将全力贡献革命。"

左权离开上海不久，陈赓他们就设法将叛徒黄第洪除掉了。

左权进入中央苏区后，先后担任过闽西红十二军军长、红一方面军总前委参谋处长、红五军团第十五军政委、红一军团参谋长等职，参加了苏区反围剿斗争和长征。

1936年5月，红军东征结束后，由于原红一军团军团长林彪调任红军大学校长，军委决定由左权代理军团长的职务。这一年的10月，红二、四方面军北上，与中央红军会师甘肃会宁。蒋介石惊恐万状，极欲乘红军长途远征、部队疲乏，立足不稳之机，一举歼灭红军，连电催促各部加紧围攻红军。蒋介石的嫡系胡宗南的第一军立功心切，紧迫红军不舍。左权和胡宗南及其手下的两个师长丁德隆、李铁军都是黄埔一期同学，尤其是丁德隆与左权是湖南同乡，湘军讲武堂和黄埔一期六队的同学。他在国民党军内号称儒将，屡次建功，这次竟孤军深入，大摇大摆进入红军的袋形阵地山城堡，给红军造成了全歼孤军的机会。

左权指挥红一军团和兄弟部队，发挥红军夜战特长，利用夜色的掩护，向敌人发起攻击，经一夜激战，国民党军第七十八师被歼大半。狂傲的丁德隆，败在老乡兼同学左权的手下，羞愧难当，从此退隐山林，不再问兵，潜心佛学，做了和尚……

山城堡一战，红军声威大震，坚定了张学良、杨虎城停止内战，联合红军抗日的决心，成为十年内战的最后一仗。

1930年6月，左权回到上海，9月经厦门、龙岩进入

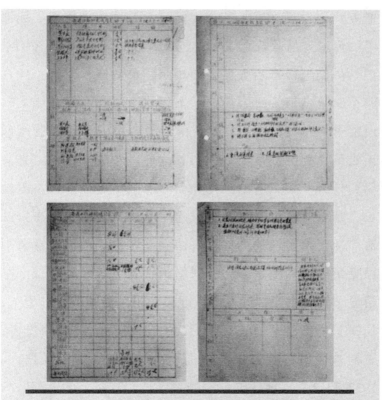

邓小平、左权等人于莫斯科中山大学留学时每周填写的活动研究。

闽西苏区。初任红军军官学校第一分校教育长，左权回国后，他丰富的学识和引经据典、由浅入深的教学方法，深受军校学员欢迎。在野外教学时，他一面拿着地形图，一面指着地形地貌实地讲解，使学员们理解得快，印象深。有一次上课讲射击原理，说到弹道的弧形原理时，不少学员理解不了，总觉得子弹打出去应该是一条"直道道"。左权便举例子："你们都看过顽童撒尿吧，他那个'弹道'是一条直线呢，还是弧形的呢？"通俗的例子把学员们逗得哈哈大笑，疑难问题也就迎刃而解。任八路军副总参谋长时，他要求干部战士"既能武又能文"，使整个司令部的学习气氛空前浓厚。11月，当选为闽西工农革命委员会常委，12月初为红新十二军军长。1931年初任红一方面军总司令部作战参谋，6月升为参谋处长，开始显露出较强的组织才能。12月，受中央军委派遣前往宁都附近的固村圩，协同王稼祥、刘伯坚从事国民党第二十六路军起义的联络指挥工作。随后担任红军第五军团（由宁都起义部队改编）第十五军政委，不久，任军长兼政委。1932年6月，受王明左倾路线的迫害，左权被撤销军长兼政委的职务，调至红军学校任教官。1933年12月，他任红一军团参谋长。这时，中央苏区的第五次反"围剿"战争已经开始，战斗频繁而且极为艰苦。即使几天几夜不睡觉，他也从来"没有表现过倦怠、

山西左权老井民俗村通水纪念碑

疏忽、放任与暴躁"。

1934年10月中央红军主力开始长征，长征时期毛泽东曾称赞左权是"神枪手"，朱德则称他是"模范军人"，是"钢铁般坚强、狮虎般勇猛"的优秀将领。左权随先头部队指挥作战。在攻打贵州施秉城时，他身先士卒，指挥果敢，行动迅猛，保证了大部队的顺利通过。5月，在强渡大渡河的作战中，左权率部先是在崎岖的小路中轻装疾行，出敌不意地直取小相岭隘口，攻下越西县城。之后一天急行140华里越过晒经关，他率军攻占了大树堡渡口，以佯渡之态势转移了敌军对安顺场方向的注意，成功地掩护了红一师从安顺场渡过大渡河。最终中央红军主力全部通过泸定桥，甩掉了尾追不舍的国民党中央军。

1936年10月红军三大主力胜利会师。11月中旬，在山城堡，左权、聂荣臻指挥红一军团与红十五军团一部完成了对胡宗南七十八师的包围。21日发起总攻，经过一昼夜激战，歼敌2个团，胡部的另几个师也被红军兄弟部队击败，山城堡一仗共毙俘敌军一万五千余人，粉碎了国民党军对苏区的进犯，稳定了陕北的局面。刘伯承说："左权同志部署作战是细致周密的，1936年双十二事变前夜的陕北山城堡战斗，就是一个范例。"

"七七事变"后，红军改编为国民革命军第八路军。

华北在敌后最大的兵工基地——黄崖洞

左权任副总参谋长、1938年12月，任八路军前方指挥部参谋长。1938年2月，日军4万人分三路进攻临汾，与八路军总部遭遇。在左权指挥下，他们坚持战斗，一直到后续部队赶到，击退了日军多次冲锋，这就争取到了3昼夜的时间，使数十个村庄的群众安全转移，使国民党在临汾、洪洞的军政机关顺利撤退，并使八路军在临汾的军需物资大部分转运出去。两个月后，日军3万余人对山西晋东南地区发动9路围攻。左权根据日军兵力分散的弱点，按照总部的部署，在内线，以游击战牵制、骚扰袭击敌军，将主力部队调到外线，寻找战机歼敌。4月15日终于光复了武乡县城，16日又在武乡县的长乐村布下口袋阵，全歼日伪军3 000余人，此即"长乐战役"。随后，他率军在张店再歼敌1 000余人，收复辽县、黎城等18座县城，解放人口百余万人，彻底粉碎了日军的9路围攻，奠定了晋冀鲁豫根据地的基础。

　　1939年底到1940年初，蒋介石发动了第一次反共高潮。国民党第九十七军军长朱怀冰与冀察战区鹿钟麟、石友三部纠集在一起，在日军的配合下，猛扑太行抗日根据地。3月上旬，身兼八路军第二纵队司令的左权，指挥部队在平汉路东西两侧发起自卫反击战，经4天4夜激战，击溃了石友三进犯军的进攻，全歼朱怀冰等部10个团，保住了太行抗日根据地。

　　1940年8月20日至12月5日，八路军发动了著名的百团大战。这次战役的总指挥所设在武乡县王家峪村。左权协助彭德怀全力投入作战指挥，将战役的整个部署安排得井井有条，真是运筹于帷幄之中，决胜于千里之外。连北平日军的报纸也说，"此次华军出动之情形，实有精密之组织"。左权不仅谋划整个战役的组织、参谋工作，而且还亲临第一线指挥作战。在百团大战的第三阶段，他协助彭德怀出色地指挥了关家垴战役。在最紧急关头，他命令说："指挥所的同志全部向前推进，犹豫等于死亡！"左权的魄力和勇气极大地鼓舞了指挥部的士

左起为彭德怀、朱德、彭雪枫、萧克、邓小平。

气，结果日军第三十六师团冈崎大队500余人，除60余人外，其余均被歼。左权有着严谨求实的工作作风，每在成就一件大事之前，都特别注重调查研究，掌握第一手材料。为兴建黄崖洞（在辽县、黎城交界处）兵工厂，他实地勘测地形，亲手规划工厂布局及保护工厂的军事设施的配置，经过一年的建设，一座年产足可装备16个团的兵工厂建立起来了。这在一定程度上改善了八路军装备匮乏的现状。刘伯承曾经说："左权同志曾艰苦经营太行山制造兵器的设施起了相当的作用。黄崖洞兵工厂的建立，很快就成了日军的重点进攻目标。"

1941年11月，日军第三十六师团及独立混成旅团各一部7 000余人向黄崖洞进攻，负责保卫黄崖洞的是八路军总部特务团，左权要求该团在保卫战中"一定要抓住一个'稳'字，坚持不骄不躁，不惶不恐，以守为攻，以静制动的原则"。他还就应当注意的战术原则和其他有关注意事宜作了具体的布置。11日凌晨战斗打响。日军来势极猛，并施放了毒气。守军按照左权副总参谋长的指示顽强坚守阵地，并利用机会组织反击，打退了日军的多次进攻。日军接连失手后改变了策略，企图利用赤峪山东侧的悬崖，居高临下侧击守军阵地。左权及时指示特务团"待机行动，以变应变"，重新配置了防御力量，继续给进攻的日军以重大杀伤，大量消耗了其有生力量，顿挫了敌军的锐气。19日，黄崖洞保卫战进入尾声。八路军在三十亩、曹庄一带设下伏兵，当退却的日军进入伏击圈后，立即被密集的弹雨打得阵脚大乱，伤亡惨重，向黎城方向溃逃。21日乘胜追击的八路军收复了黎城，胜利地结束了黄崖洞保卫战，此仗日伪军损失2 000余人，敌我伤亡之比为6∶1。中央军委认为，这次保卫战是"最成功的一次，不仅我受到损失少，同时给了敌人数倍杀伤，应作为1941年以来反'扫荡'的模范战斗"。

左权多次指挥战斗取得胜利，体现了他高超的军事素养和军事理论功底，他素以学习刻苦，精于钻研，而博得了人们对他的尊敬。他阅读了许多政治理论、军事

左权率八路军主力部队东渡

理论的书籍，对八路军的军队建设、军事理论建设作出了突出的贡献。他与刘伯承合译的《苏联工农红军的步兵战斗条令》，于1942年被十八集团军总司令部列为步兵战术教育的基本教材，并要求"今后本军关于现代步兵战术的研究，均应以此为蓝本"。左权对战术问题特别是游击战术的研究颇有创新，"为中国著名的游击战术创始人之一"，其军事著述的突出特点是理论联系实际，结合中国国情的特殊性阐述了以马克思主义理论为指导的具有中国革命战争特色的军事思想原理。在八路军军队的建设中，他对司令部工作、后勤工作、部队训练、军队政治工作、军民关系等，都有独到的建树和巨大的成就。左权善于思考、勤于笔耕，撰写和翻译了诸多颇具影响的军事著作。仅在华北敌后5年间即译著共20余万字。周恩来说左权是"一个有理论修养，同时有实践经验的军事家"。

1942年5月，日军纠集3万兵力，再次对太行抗日根据地发动了空前残酷的大"扫荡"，形势空前严峻。20日午夜时分，左权在战前部署会议上分析了敌我态势。说面对日军重兵的多路合击，我主力部队目前已转出外线，而中共中央北方局、八路军总司令部、野战政治部、供给部、卫生部、军械部、军工部以及新华日报社等尚处在敌军的合击圈内。眼下直冲我们的是由涉县、黎城、歧极关而来的一股日伪军，约3 000人。面对重兵压境的日伪军，合击圈内八路军能够应敌的兵力很少，只有为数不多的警卫部队，等待他们的将是极其残酷的战斗。不过，左权提醒大家：从局部看，我们处在敌军的包围之中；但从全局看，敌人是处在我们的军队和人民的包围之中。他对担负主要掩护任务的司令部警卫连连长唐万成说："你们连百分之八十是共产党员，百分之九十以上都是老红军，相信你们一定能够完成这次任务。告诉同志们，太行山压顶也决不要动摇！"

　　鉴于眼下敌我兵力对比悬殊，彭德怀、左权等连日开会研究对策。左权提出：在敌军分路合击时，乘隙钻出合击圈，当日军扑空撤退时，伺机集中兵力歼其一路至几路。一切部署完毕，八路军总部各部门于5月23日奉命转移。次日凌晨，由掩护撤退的总部警卫连所扼守的虎头山、前阳坡、军寨等阵地都爆发了惨烈的战斗。在这次"扫荡"中，日军专门组建的"特别挺进杀人队"（其队员均着便装，先于日军"扫荡"部队潜入根据地）在麻田发现了八路军首脑机关，故多路日军均向麻田方向急进。警卫连仅仅200多人顽强地抵御着2 000多日伪军的轮番进攻。敌军多次冲击失败后，便发射信号弹，召来了更多的援兵，射向守军阵地的火力更加炽密。日军铺天盖地的炮火将虎头山一线轰得地动山摇，步兵随着遮天蔽日的烟尘直逼八路军阵地。为保证八路军总部的安全转移，左权不顾周围炮弹不断爆炸掀起的气浪，站在虎头山后面的山头上沉着地指挥战斗。他心里不仅想着总部各部门的安全，也惦记着群众的安危。当他看到附近山上还有群众没有脱离险境时，便命令警卫连长唐万成从已经十分吃紧的兵力中抽出一部分兵力吸引敌军，以便让群众转移。直到安排妥当，左权才不慌不忙地走下山去。

5月25日上午，突围队伍仍然未脱离险境，在南艾铺、高家坡一线的山沟里，集结着八路军总部、北方局、党校、新华社的几千人马，四周都是激烈的枪炮声，日伪军以"纵横合击"战术构成的包围圈在一步步地收紧。天空中，日军飞机也不时地投弹、扫射，受惊的骡子狂奔乱跳，将密集的突围队伍挤堵在狭窄的山沟中。眼看秩序大乱，左权不顾日军飞机的威胁，跳上一匹黑骡子，跑前顾后地把混乱的队伍重新集合起来，加快了行军速度。左权一边指挥突围，一边观察着战场情况的变化，他根据日军飞机反复投弹扫射，以及千米之外响起的密集枪弹声判断，兵力占极大优势的日伪军已经发现了合围目标，必须尽快采取果断措施，冲出包围圈。左权率司令部和北方局机关人员为1纵队，沿清漳河以东由南向北突围；罗瑞卿率野战政治部直属队和党校、新华日

报社为2纵队，由政卫连掩护向东面突围；后勤部门为第3纵队，由杨立三率领向东北角冲出重围。日伪军发觉了八路军分路突围的意图，迅速收缩合围圈，并将一簇簇炮弹砸向密集的人群，给突围的人们造成了极大的混乱和恐慌。面对这一极度危险处境，左权一边鼓舞士气，一边迅速督促彭德怀赶快转移。他说："你的转移，事关重大，只要你安全突出重围，总部才能得救。"彭德怀关注着仍围在合围圈里的大批战友、同志，坐在高大的马背上就是不挪动。左权急了，以强硬的口气命令唐万成："连人带马，给我推！"彭德怀被感动了，挥起马鞭，在警卫战士的掩护下，向西北方向疾驰而去。目送彭德怀离去后，左权又奔向司令部直属队，继续指挥着大队人马的突围行动，他的身体这时已虚弱得很厉害，但仍然尽全力招呼着每一个人。午后2时，在十字岭高家坡，利用短暂的休整，左权用嘶哑的声音激励着已极其疲劳的队伍："同志们，尽管敌情严重，大家不要慌。我们要胜利，就得一齐冲。一齐冲就要听从指挥，只要冲过前面一道封锁线，我们就安全了。"尽管突围形势愈加严峻，左权仍然要求警卫战士"要警卫总部机密，要保护电台，保护机密材料，保护机要人员！"并立即采取措施，将身边的参谋人员、警卫战士分散到电台和机要人员中去。

当左权交代完上述任务后，突然觉得有人拉住了胳膊，他一看是唐万成，感到很惊奇，刚才不是安排这位警卫连长去保护彭总突围的吗？怎么小伙子又转回来了呢？当唐万成告诉他"彭总已冲过封锁线，现在你快跟我走吧！"左权拒绝了，坚决命令唐万成赶快去追上彭总。在他看来，彭总的安全远比自己的安全重要，这涉及八路军的荣誉啊！现在自己的职责就是指挥突围。看着身为八路军副总参谋长的左权将军，拖着虚弱的身子像普通战士一样在炮火中奔跑，唐万成实在不忍心，他执拗地紧紧攥住首长的胳膊不放。左权气极了，拔出左轮手枪，喝令道："你要懂得，要是彭总有个三长两短，我要枪毙你！"唐万成只得松开手，掉转身朝彭总突围的方向赶去。太阳偏西了，日军的炮火依然很猛烈。左权从容地指挥队伍继续突围，他登上一块高地，尽管他声音更加嘶哑了，还是一遍又一遍地高喊道："不要隐蔽，冲出山口就是胜利，同志们快冲啊！"大家见副总参谋长就在身边指挥，情绪很快就稳定下来，突围的速度也就加快了。

当队伍冲向敌军最后一道封锁线时，敌人火力更加凶猛。突然，一发炮弹落在左权身边，他不顾危险，高喊着让大家卧倒。接着第二发炮弹又接踵而至，左权的头部、胸部、腹部都中了弹片。就这样，一位才华横溢、

ZHONGHUA AIGUO RENWU GUSHI

智勇双全的八路军高级将领，为了拯救民族的危亡，过早地失去了年轻而宝贵的生命。

左权将军牺牲后，八路军战士利用日军撤兵的间隙重返十字岭。将左权的遗体就地掩埋。没想的日军得到左权已死的消息后又杀了个回马枪，并在十字岭上到处挖掘，终于还是发现了将军的遗体。日军对左权将军的遗体照了相，并登报进行大肆渲染。

1942年5月25日，左权将军壮烈殉国。周恩来指出："左权壮烈牺牲，对于抗战事业，真是一个无可补偿的损失"。朱德赋诗悼念："名将以身殉国家，愿将热血卫吾华，太行浩气传千古，留得清漳吐血花。"为了纪念左权将军，根据太行人民的请求，经晋冀鲁豫边区政府的批准，1942年9月18日，辽县党政军民等5 000余人举行了辽县易名典礼。从此，辽县改名为左权县。

困难重重的长征之路

突破封锁

1934年的10月16日，这是中国现代革命史上一个难忘的日子。

就在这一天夕阳西下的时候，中央红军开始了千难万险的万里长征。红一军团指战员们离开瑞金以西的宽田、岭背等地，告别中央革命根据地的父老乡亲，渡过于都河，踏上了万里征途。红军战士大多来自闽西、赣南，大家意识到这是要离开"老家"了，心里就像坠上一块铅，嗓子就像塞进了一团棉，腿上恰似绑上了千斤之物。左权也和大家一样，心情格外沉重。四年多来，自己日日夜夜战斗在这里，根据地的人民历尽艰辛养育了这支队伍。眼看着熟悉的山山水水在脚下一步一步后移，心里真不是滋味。许多人眼里闪动着晶亮的泪花，大家都舍不得根据地，舍不得根据地的人民啊！

开始出发时，"左"倾错误领导采取的是"甬道式"的大搬家。第一、第三两个军团为左右两前锋；第八、第九两个军团在两翼掩护；中间是军委总部、中央纵队和从根据地带出来的"坛坛罐罐"；后边是第五军团殿后压阵。这样前呼后拥的大队人马，加上笨重的负担，行动十分迟缓，沿途只能消极避战。

左权参与指挥红一军团于10月21日，在江西安远、信丰间突破粤军余汉谋布设的第一道封锁线，自南康、大庾间，渡过章水，进入广东北部；继于11月2日占领湘粤边界上的城口镇，进入湖南在桂东、汝城间突破湘

瑞金红井

江西瑞金，长征开始的地方。

军何键布设的第二道封锁线。

敌人的第三道封锁线设在粤汉铁路湖南境内良田到宜章之间。军委命令红一军团派部队抢占乐昌境内粤汉铁路东北约十公里处的制高点——九峰山，防备粤军先期占领，控制我中央纵队通过。当时军团长林彪不执行军委命令，理由是敌人还没有到乐昌，行动没有这么快；政委聂荣臻主张坚决按军委命令行事，两位军团首长争吵相当激烈。左权为了缓和这场争吵，建议派红二师师长陈光亲率一个连去侦察。陈光侦察回来说乐昌大道上已经看到敌人，正在向北开进。于是林彪才不再坚持。左权随后协助指挥得力部队攻占九峰山南侧的茶岭，监

视敌人，保证红军左翼安全，掩护中央纵队顺利通过敌人第三道封锁线。

11月底，红一军团为了完成掩护中央纵队突破敌人第四道封锁线，渡过湘江的任务，与敌人在脚山铺附近的米花山、美女梳头岭、黄帝岭地区英勇奋战。为了保证中共中央、中革军委和直属机关顺利渡过湘江封锁线，红军指战员们在茂密的松林间，和敌人展开了生死存亡的拼搏。

炮声隆隆，杀声震天。12月1日那一天，就连红一军团军团部也遭到了极大的危险。敌人的迂回部队打到了军团部指挥所的门口。当时，指挥所设在一个山坡上，首长们正在研究行动计划，左权还在一边吃着饭。敌人端着刺刀冲上来了，左权立即丢下饭碗，拔出枪来，带领部分同志就地抗击敌人。聂荣臻政委和其他军团领导一面组织部队赶紧撤收电台，向山隘转移；一面命令警卫排长赶紧通知联络山坡下的部队。由于及时采取适当的措施，才摆脱了敌人，避免了损失。

突破敌人第四道封锁线的湘江之战，是离开中央革命根据地以来打得最激烈，也是受损失最大的一仗。左权看了阵地上牺牲的大批红军战士，道路旁丢弃的机器辎重，还有湘江里随波漂流的文件、钞票，痛苦之情到了极点，他说："第五次反"围剿"以来多次失利，中央革命根据地丢了，中央红军现在又几乎濒于绝境，如此下去怎么得了!"

马上出发

中央红军突破湘江封锁线后，蒋介石重新调整部署，向黔阳、洪江地区转移兵力，企图围歼红军于北上湘西的路上。

在此危急时刻，毛泽东力主放弃原定的与红军第二、第六军团会合的计划，改向国民党统治力量薄弱的贵州前进。中共中央政治局在黔东黎平举行了重要会议，接受了毛泽东的主张，决定中央红军转向以遵义为中心的川黔边地区，从而避免了覆灭的危险。

湖南、广西两个方面的敌人，从左右夹击而来，前面又有王家烈的黔军堵截，中央红军必须迅速抢渡乌江。12月25日左权奉命率红一军团先头部队赶到施秉县的一个村庄。天已擦黑了，他下令部队宿营。

中革军委来了指示，在军团长林彪和军团政委聂荣臻来到之前，由军团参谋长左权统一指挥部队迅速攻占施秉县城。左权看了看地图，沉思了一番，马上让通信员叫侦察科长刘忠。

马不停蹄，人不歇脚地连续长途行军，刘忠实在是又困又累了。这天听说可以宿营，便很快弄了点热水洗

洗脚，准备好好地睡上个甜觉。刚刚躺下，通信员跑来报告说左参谋长找他。刘忠立即起来，跟着通信员来到左权的住处。

"睡下了没有，刘科长？"左权看到刘忠进屋来便问了一句。

刘忠给左参谋长敬了个礼，回答说："刚刚躺下，就给叫起来了。"

"你们很辛苦，应该好好睡一觉。"左权以体谅而又严肃的态度对刘忠说："但是不能休息，因为施秉城的敌情还没弄清楚。你们要连夜出发，天亮前占领施秉城的东山，首先弄清情况，立即报告我，并相机占领施秉城。"

侦察人员在行军战斗情况下是非常辛苦的，他们通常走在部队的前面，有时前出几十里、上百里路，侦察敌情地形，给首长对部队行军路线、作战部署的决策提供情况依据。当时的侦察部队已很疲劳，也和刘忠一样刚刚宿营休息。刘忠请示说："报告参谋长，部队很疲劳，休息两小时后再走行吗？"

"不行，要马上出发！"左权口气十分坚决。他非常了解侦察部队目前的情况和刘忠此时的心情。"刘忠同志，养兵千日，用兵一时，这是有关全军行动的问题。"左权口气缓和了一些，但仍很严厉。

　　刘忠的脸色刷一下子红了起来。他抬头看看左权参谋长湿漉漉的灰军装，几天没有很好睡觉带着血丝的困倦的眼睛，感到自己完全错了。在这么紧张的战斗情况下，应该毫不犹豫地坚决执行命令。

　　在左权的果断指挥下，侦察科长

刘忠带领一个侦察排和便衣班，不顾多日长途行军的疲劳，立即冒雨出发。

天黑得伸手不见五指，他们摸着前进，雨不停地下着，大家的衣服全湿透了。宿营地离施秉县城约四十华里，他们从晚上七、八点钟出发，到午夜两点多就赶到了县郊的东山。

根据侦察了解，施秉城的守敌有一个营，是王家烈的部队。刘忠知道这些部队人称"双枪兵"（一支步枪和一杆鸦片烟枪），战斗力不强，他决定按照左参谋长"相机占领"的指示，指挥侦察分队乘敌不备，突然袭击，攻进施秉城去。趁着天还未亮，他们摸到城边和敌人打响。"双枪兵"们那里料到红军能来得这么快，顿时乱成一团。敌人不知道来了多少红军，仓促组织反击，很快被侦察分队击退。天将拂晓时，残敌纷纷逃窜，刘忠他们乘胜占领施秉城，出色地完成了侦察和战斗任务。红军大部队先后到达此地，在镇远、施秉、莫平一带欢度了1935年的新年。

接着，左权协助指挥一军团强渡乌江，进占黔北重镇遵义。

春天来了

军团长林彪、军团政委聂荣臻奉命离开部队参加遵义会议，红一军团部队由军团参谋长左权和军团政治部主任朱瑞指挥。

遵义会议期间，密切注视敌人动向及时通报敌情的工作十分重要。他们有时一日一报，有时一日几报，仅1月19日一天便三次向上级报告情况：

向朱德、林彪、聂荣臻报告了根据军委指示，所属第十五师部队分编到红一师、红二师的工作已经完成；

向总参谋长刘伯承报告了四川、贵州两省敌人的动

遵义会议会址主楼

向；

向总部报告了温水（今习水县境）、赤水地区的敌人兵力部署和地形情况。

遵义会议结束，聂荣臻回到部队，激动地向左权传达了会议的情况。这次会议认真总结了第五次反"围剿"以来的教训，纠正了党的错误的军事路线，毛泽东同志在全军的领导地位得到恢复，撤换了"左"倾机会主义的领导人，由张闻天代替博古负总责，主持党中央的日常工作，毛泽东、周恩来负责军事。左权听了以后，含着热泪对聂政委说：

"这回可好了，毛主席重新回到党中央的领导岗位，中国革命有希望了！"

春天来了，充满生机。遵义会议后，为了减少机构，充实部队，提高战斗力，军委发布命令对红军进行整编，撤销了第三军团、第五军团和第九军团所属的师部。第一军团仍辖红一、红二两个师。军团的领导没有变，左权还任军团参谋长。

红军离开遵义，移师北上，采取高度灵活的运动战方针。先是一渡赤水河，进入川南。2月中旬，又挥师东进，二渡赤水，于2月底，再次占领遵义。

此时，蒋介石亲自飞到重庆，策划新的围攻，企图采取堡垒主义和重点进攻相结合、南守北攻，围歼红军

强渡大渡河时 "十七勇士" 所用的渡船

于遵义、鸭溪地区。

军委决定组成前敌司令部，由朱德任司令，毛泽东任政委，指挥作战行动。

声东击西

5月20日，左权随部队踏着晨露到达四川冕宁的泸沽，准备抢渡大渡河。

由泸沽到大渡河有两条路可走。一条是经登相营、越西到大树堡，由此渡河对岸就是富林，这是通往雅安的大道，敌人守备力量较强；另一条是经冕宁、大桥、拖乌到安顺场，是崎岖难行的小道。为了把敌人主力部队吸引到大道上，军委决定由左权参谋长和第二师政委刘亚楼率该师第五团及师侦察连，并携电台走大道，前往大树堡，执行佯动任务。以此掩护我军主力经冕宁北进，从安顺场抢渡大渡河。

左权和刘亚楼奉命率部立即出发，一天赶路一百五十里，长途奔袭登相营和小相岭，消灭了小相岭隘口的全部守敌。越西城敌军闻讯弃城而逃。红军乘机进占越西县城，打开监狱，将关在国民党县衙门里的几百个作为人质的彝民统统释放。这一举动，对中央红军顺利通过彝族地区很有帮助。

大坪，红军突破湘江封锁线的四大渡口之一。

接着，他们率领部队又急行军一百四十里，到达海棠。在这里追上并消灭了从越西逃出来的两个连的敌人，并在彝民的配合下，活捉了伪县长。随后赶到大渡河边的晒经关。

左权命令侦察连连长，派人迅速侦察清楚大树堡敌人的情况和地形。侦察连长带着几名战士，化装成川军，到大树堡转了一圈，傍晚时回来报告了情况。

大树堡只有敌人一个加强连的守军，而且是前几天才从对岸过来设防的，主要兵力都在对岸富林。左权和刘亚楼商量，决定当晚兵分三路，占领大树堡，以便尽快做出渡江的声势，完成掩护红军主力渡江的佯攻任务。

星星像数不尽的小灯挂满了天空。红军战士按照左权的部署，模进大树堡时，敌人还在抱头睡觉。当红军来到敌人连部门口，敌人哨兵喊道："谁？"有人立即回答："是自己人！保安队的。"哨兵刚要再问什么，战士们一下子冲上去，掐住了他的喉咙。

战士们当即进了院子，分头踢开几处房子的门，一阵"缴枪不杀"的喊声之后，敌兵们便当了俘虏。有的人还在揉着朦胧的双眼，惶惑地说："我们才调防，莫误会了吧！"我们的战士说："放心吧！误会不了，我们是红军，正是找你们来的！"俘虏们走出房子，在闪亮的刺刀下集合到院子里。只有敌人的连长和几个军官在另外

一间小屋里，见势不妙，仓皇打了几枪，已无济于事。

没费多少劲，大树堡渡口就顺利到手了。

左权通过电台向军委报告了这一情况，军委指示他们立即大造主力要从大树堡渡江的假象，借以转移敌人对安顺场方向主力红军渡江的注意力。

拂晓，左权和刘亚楼亲临大渡河边。朝阳照射在江面上，一切都看得清清楚楚。两岸山岭连绵，江宽二、三百米。江水湍急，水面上激起团团漩涡，一根木棍眨眼就漂下好远。江水碰上礁石，卷起老高的白浪。对岸，沿着江边的高地上，大大小小的碉堡疏密不等地排列在那里，乌黑的枪眼对着江面和岸边滩头。

看了一阵子，左权放下望远镜，对刘亚楼说："果真是个险地方，传说太平天国翼王石达开当年全军覆没在这一带。"

"是啊，我们现在的处境也很危险，前有川军刘湘、刘文辉的部队扼守大渡河所有渡口，后有周浑元、薛岳等数十万大军追赶。蒋介石吹嘘，前有大渡河，后有金沙江，左右还有几十万大军夹击，共军有翅也难飞过。他梦想让我们成为石达开第二。"刘亚楼接过话茬说。

"军委的部署是正确的，兵不厌诈，声东击西。我们今天在这里大搞一场掩护西边主力红军渡大渡河。红军决不做'石达开第二'。"左权边走边说。

左权和刘亚楼做了分工：由刘亚楼负责组织部队砍集竹木，捆扎筏子，多分几个点，声势造得越大越好。左权指挥部队在南岸部署火力，下午就试放筏子，假装渡江，以吸引对岸敌人的火力。

就这样，他们组织部队一边砍竹扎筏，一边定期放筏，对岸富林敌人的机枪不停地呼啸着。

5月26日，红军干部团和红一师部队在刘伯承总参谋长和聂荣臻政委指挥下，从安顺场顺利渡过大渡河，左权和刘亚楼率部完成佯攻牵制任务后，奉命撤离大树堡，赶往安顺场与主力部队会合。

与此同时，红四团奋勇飞夺泸定桥，红军全部渡过天险大渡河。事实证明：中国共产党不是太平天国，毛泽东、朱德也绝非石达开，蒋介石企图把我军变为"石达开第二"的梦想彻底破灭了。

翻越雪山

1935年6月，红一军团强渡大渡河后，占领了天全、芦山一带，略做休整。一方面总结强渡大渡河的经验；一方面筹粮备草，准备翻越雪山，继续北上，与红四方面军会师。

夹金山，白雪皑皑，像一把锐利的长剑，直插万里晴空。在阳光的照耀下，光线刺眼，令人头晕目花。当

地老百姓把夹金山叫作"神仙山"，说是连"仙鸟"也飞不过去。上级通知，部队要多搞些衣服，买点辣椒，找个拐棍，做好过雪山的准备。可是有些人满不在乎："没有过不去的火焰山，大雪山有么子了不起的？"

6月13日上午9点，太阳刚出来，部队沿着蜿蜒起伏的盘山小道，开始慢慢往上爬。到处都白茫茫的一片，分不清路在哪儿，每走一步，脚底就发出"噗哧噗哧"的声音，大家都感到新奇。越往上爬，山势便陡峭起来，狂风卷着雪花扑到脸上，撒在身上，浑身冷飕飕的。多数人穿着夹衣，还有不少同志穿的是单衣，大家在风雪的袭击下，勇敢地迎着风寒雪花顽强地前进。

左权披着毯子，拄着拐棍，喘着粗气，艰难地爬着。

两个担架队员，拿着担架过来抬他。

"聂政委不是有病吗？你们为什么不抬他？"左权吃力地问。

"聂政委刚才坐了一会儿，说是你也病得厉害，爬山更困难，叫我们来抬抬你。"担架队员边回答边把左权按倒在担架上。

雪山上空气稀薄，徒手攀登都不容易。左权看到战士们抬得很费劲，上气不接下气，又挣扎着下来，拄起拐棍，气喘吁吁地一步一步往上爬。

正午时分，终于爬到了夹金山的最高峰——海拔五千多米的大哇梁子山顶。指战员们站在山上，周围是一片茫茫云海。大家似屹立在云海之中的巨人，任何困难都被踩在了脚下。聂荣臻政委手指远处，深情地对大家说："你们看，四川这地方多美呵！"

左权也兴奋地接过话头："夹金山可能是四川的一块宝地。等到全国胜利后，我一定再带队伍来挖宝！"首长们的欢声笑语，逗得战士们哈哈大笑。

坚持北上

翻过夹金山，部队到了达维镇，同红四方面军的同志会合了。虽然过去都不相识，但是一见面就像分别多年的亲兄弟一样，热烈地拥抱在一起，互相询问部队的

情况和战斗经历。第二天到懋功，李先念同志叫人搞了好多吃的东西，对左权他们几个军团领导热情地招待了一番。

经过几天的休整，红一军团又翻过梦笔山，进入卓克基、沙窝一带，继续北上，到达大草地的边缘——毛儿盖。

在毛儿盖，红一军团召开了政治工作会议。军团政治部主任朱瑞传达了两河口会议通过的中共中央政治局决定，主要内容是：红一、红四方面军会合后，我们的战略方针是集中力量向北进攻，在运动战中消灭敌人有生力量。首先取得甘肃南部，以创建川陕甘苏区。

朱瑞主任还讲到，会议否定了张国焘提出的红军向青海、新疆或川西、西康边界退却的错误主张。毛泽东在会上强调指出，只有北上才能使红军得到发展，才能推动全国抗日高潮的迅速到来。

军团参谋长左权在会上也讲了话。他非常拥护中央的路线，希望全体指战员团结一致，克服困难，尽快打出松潘地区，向甘南进军，并对部队北上过草地的准备工作提出了具体要求，他说，部队自懋功出发以来，行军比较顺利，因为这段路上没有碰上大股敌军。但是，粮食奇缺，这已威胁到红军的生存，成为能否贯彻两河口会议精神的大问题。因此，当前首要的任务是要想尽一切办法筹粮。前面就是草地了，要走七、八天路程，但沿途没有人烟。所以我们必须在这一带筹足过草地的粮食。我们现在处在十分困难的时期，为了筹粮，不得不采取一些非常措施。但是我们坚决不能忘记党的政策和纪律。我们要派人四处做宣传工作，动员藏民回来。同时，要与违反群众纪律和浪费粮食的做为作坚决斗争。

这次会议以后，根据上级布置，红一军团利用两周的时间，在驻地周围大力开展群众工作，向藏民宣传党的民族政策，并积极筹备粮食，炒青稞麦，磨青稞粉，做好过草地的准备。经过艰苦的工作，在红军宣传教育和严明纪律的影响下，许多藏民亲身感到红军和军阀队伍大不一样，是为穷人打仗的队伍，外出躲藏的人回来得多了。他们不顾反动派的胁迫，不怕土司杀头、没收财产，把粮食卖给红军，有的还主动要求参加红军，给红军当向导。这是党的民族政策的胜利。

中央红军和红四方面军会师后，为了加强统一指挥，军委决定将第一军团、第三军团、第五军团、第九军团依次改编番号为第一、三、五、三十二军。林彪、聂荣臻分为第一军军长、政委，左权、朱瑞分为第一军参谋长和军政治部主任。下辖两个师六个团。

8月4日，党中央在毛儿盖附近的沙窝召开中央政治局扩大会议，通过了《关于一、四方面军会合后的政治

形势与任务的决议》，并说服张国焘拥护党中央北上抗日的方针。

过大草地

8月16日，左权召集红一军直属队干部会议，动员布置第二次过草地的行动计划。他说，根据中央决定，这次过草地的组织安排同上次一样，仍分左右两路军。朱总司令和当时已任总政委的张国焘率左路军从卓克基出发，穿过草地，北上阿坝再向东到甘南。在毛儿盖地区的第一、第三、第四、第三十军为右路军，由前敌总指挥徐向前、政委陈昌浩、参谋长叶剑英率领，过草地经班佑地区北上。党中央、中革军委和毛泽东、周恩来等随右路军行动。具体安排是：红一军为前卫，军直属队为前梯队。左权一再强调说：我们要坚决保卫党中央和中央首长安全渡过草地，进入甘陕，迎接北上抗日。"团结一致，战胜困难，渡过草地，北上抗日！"口号声在空旷的原野上回荡，号角吹起了雄壮的前进号，部队浩浩荡荡地向草地开进。

草地渺无边际，气候变化无常。天气是风一阵、雨一阵，脚下不是一层压一层的落叶，便是混浊泥泞的沼泽，随时都有陷进泥潭而被吞噬的危险。夜晚宿营，没有御寒的地方，有的战士只好蜷缩着坐在高出沼泽的小

丘上睡觉。司令部仅有一个帐篷，是专供首长用的。可是每到宿营时，左权总是把身边的指战员叫去，让他们躺下来把头往帐篷里挤。同志们心里热乎乎的，说："我们的参谋长真好。"

六个艰难的日日夜夜过去了，左权和红一军的前梯队终于走出了草地，到达班佑。荒无人烟的大草地没有吓倒红军英雄汉们，而是被他们以独有的钢铁般的意志和大无畏的精神所战胜了。

突破天险

9月12日，中共中央政治局在俄界举行会议，决定将第一军、第三军和军委直属队改编为中国工农红军陕甘支队，第一军即为陕甘支队第一纵队。左权继任参谋长。

随后，红军逼近被人称为川甘两省"天险门户"的腊子口。腊子口是通往岷县、进入甘南的一个奇峻的隘口，毛泽东亲自决定要打下它。聂荣臻和左权根据毛泽东的指示，冒雨赶到二师，和师长陈光，政委萧华连同四团的干部一起，到阵地前沿，一边看地形，一边制定作战方案。红二师第四团以两个连攀登峭壁，迂回侧后奇袭敌人，配合正面进攻部队，一举打垮守军甘肃军阀鲁大昌部两个营，胜利攻占天险腊子口，打通了北上甘南的通道。

随后，红军跨过西兰公路，攻占通渭县城，直赴六盘山区。

六盘山又叫陇山，跨着宁夏、甘肃、陕西三省区，听说因为有六重古盘道，才叫六盘山。它是红军北上抗日进入陕北途中最后的一座高峰。此时，蒋介石慌忙调集胡宗南、宁夏二马（马鸿逵、马鸿宾）和东北军在六盘山下，重设封锁线，妄图凭借"峰高太华三千丈，险居秦关二百重"的六盘山险要地势，阻止中央红军和陕北红军会师。

有了骑兵

一天，左权赶去向毛主席报告：从抓来的俘虏中了解到，阻击我们的敌人还有毛炳文的队伍。

毛主席听罢，笑了起来。他说："这个毛炳文哪，我们是'老朋友'了，你们还记得他吗？"

怎么不记得呢？毛主席身边的警卫员都知道。陈昌奉首先说："记得记得，第一次反'围剿'时，他就挨过我们红军的揍，从东韶向北跑了；第三次反'围剿'打黄陂打的又是这个毛炳文。"

另一个警卫员也接着说："毛主席用的那个洗脸盆，就是毛炳文'送'的，我们警卫班每人都得过他'送'的搪瓷缸子哩。"

军委参谋们也议论开了：咱们从江西出来，蒋介石派了八十万大军"欢迎"；过广东、湖南时又有陈济棠、何键"接送"；贵州的王家烈带着"双枪兵"，"送了一程又一程"，那位云南省的龙云主席最辛苦，不仅在云南"迎接"，还赶到贵州"欢送"了一阵子；到了四川这个"刘家的天下"，刘湘、刘文辉他们侄子郎舅们也不辞劳苦；这一回来到甘肃，碰上了马家兵，蒋介石又把毛炳文这个老熟人派来了。

大家一边说一边笑，都想把毛炳文抓来看看，见识见识。

然而毛炳文毕竟是"了解红军"的"老朋友"，他搞了一些杂七杂八的运输队摆在前边，自己却不敢亲自出面。

随后红军又和敌人的骑兵打了几仗，先后俘获了敌人的马术教官、兽医以及会钉马掌、修理鞍具的工人，充实补充到自己的骑兵连里。左权看到战士们骑上高头大马，奔驰在黄土高原上，高兴地对大家说："蒋介石这个运输大队长当得真不错，不仅及时给我们送来了给养、枪支弹药，而且还给我们装备了骑兵队伍！"

部队在北上途中不断碰到敌人骑兵的截击。左权深入部队，发动干部战士研究如何打敌人的骑兵。

"别看他们在马上气势汹汹，真打起来，他下马和我们作战，还得招呼马匹，战斗力一定强不了。"左权启发大家开始讨论。

"对，就是要利用敌人不在马上的时机，狠狠地揍！"战士们赞同左参谋长的看法。

"遇到骑兵冲过来时，是先打人呢？还是先打马呢？"一个战士提出了问题。

"这个问题提得好，大家都谈谈自己的想法。"左权因势利导地说。

"我说先打马，打坏了他的马，骑兵就成了步兵了！"

"我说先打人，打死了敌人，光马也没有用。"大家七嘴八舌，争论开了。

最后，左权作了归纳："打骑兵，首先是要敢打，不要被他们的气势汹汹所吓倒；其次是要善打，我们的重点是消灭敌人的有生力量，打死了敌人，缴获了马匹还可以为我所用。大家看是不是这样？"

"对！"战士们齐声答道。看得出来，大家对这样的讨论和左参谋长的小结都很满意，既提高了打骑兵的勇气，又明确了打击的重点。

到达陕北

中央红军踏上陕北的土地，看到"中国共产党万岁！"等标语时，不少人都流下了激动的热泪。自从离开江西以来，几乎没见过这种熟悉的标语了。看见它，仿佛见到了久别的亲人，经过一年时间的长途跋涉，终于到家了。

部队在吴起镇休息了几天。由徐海东、程子华领导的红二十五军已先期到达陕北，派人来进行了联络。毛主席和周副主席又亲自解决了刘志丹因机会主义分子的诬陷而被关押起来的问题。中共中央决定，恢复中国工农红军第一方面军的番号，下辖第一、第十五军团。徐海东率领的红二十五军与刘志丹领导的红二十七军合编为第十五军团；第一军团则由工农红军陕甘支队第一纵队和第二纵队编成，军团领导还是老班子：林彪为军团长、聂荣臻为政治委员、左权任参谋长、朱瑞任政治部主任，军团下属第二师、第四师和第一团、第十三团。

中共中央召开全军干部会议，左权参加了这次会议。毛主席对长征做了总结，他首先问候大家："同志们，辛苦了！"会场上响起了一阵热烈的掌声。

接着，毛主席说："我们从瑞金算起，走了十二个月零二天，总共三百六十七天。战斗不超过三十三天，休息不超过六十五天，行军约二百六十七天，如果把夜晚

行军也算在内，还不止二百六十七天。"

停了一会儿，毛主席扳着手指继续说："我们走过了闽、赣、粤、湘、桂、黔、滇、川、康、甘、陕，共十一个省。根据一军团的阵中日记计算，我们已经走了二万五千里，占领了几十个中小城镇，建立了数百个县区苏维埃政府，筹款数百万元，扩大红军数千人，还建立于许多地方武装和群众组织。我们翻越了五岭山脉、大王山、苗山、雷公山、娄山、云雾山、大凉山、夹金山、六盘山等等；渡过了于都河、桃河、潇水河、湘江、清水江、乌江、赤水河、北盘江、金沙江、大渡河等等；还经过了苗、瑶、彝、藏、回等兄弟民族地区。我们真正是走遍了万水千山，完成了空前伟大的远征，这是历史上从来没有过的！自从盘古开天地，三皇五帝到如今，只有我们红军才有这个气魄，才有这个决心！长征苦是苦，可是作用大得很哪！它是宣言书，向全世界宣传红军是英雄好汉，蒋介石是没有用的；它又是宣传队，向沿途十一个省的广大老百姓宣传了共产党、苏维埃运动和工农红军解放的道路；它又是播种机，在十一个省里播下了革命的种子，将来一定会开花结果……"

毛主席兴致勃勃地、不停地讲着，左权和在场的同志们都聚精会神地、静静地听着。大家都沉浸在长征胜利后的喜悦之中。

走上抗日前线

1937年7月7日，日军制造了卢沟桥事变，中国驻军奋起抵抗，由此揭开了全民族抗战的伟大序幕。

1937年8月25日，中国共产党中央军事委员会发布命令，中国工农红军正式改编为中国国民革命军第八路军（9月11日改称国民革命军第十八集团军），朱德任总司令，彭德怀任副总司令，叶剑英任

卢沟桥石狮

参谋长，左权任副参谋长，任弼时任政治部主任，邓小平任政治部副主任。全军下辖3个师；第一一五师以原红一方面军为主编成，师长林彪；一二〇师以原红二方面军为主编成，师长贺龙；一二九师以原红四方面军为主编成，师长刘伯承。一一五师辖第三四三旅、三四四

卢沟桥石狮

旅，一二〇师辖第三五八旅、三五九旅，一二九师辖三八五旅、三八六旅。全军总兵力共4.5万人。

红军改编后，在陕西富平县庄里镇召开誓师大会，八路军将士立下了气壮山河的誓言：

日本帝国主义，它是中华民族的死敌。它要亡我国家，灭我种族，杀害我父母兄弟，奸污我母妻姐妹，烧我们的庄稼房屋，毁我们的耕具牲口，为了民族，为了国家，为了同胞，为了子孙，我们只有抗战到底！为了抗日救国，我们已经奋斗了6年。现在民族统一战线已经形成，我们改名为国民革命军，上前线去杀敌。我们拥护国民政府及蒋委员长领导全国抗战，服从军事委员会统一指挥，严守纪律，勇敢作战，不把日本强盗赶出中国，不把汉奸完全肃清，誓不回家。我们是工农出身，不侵犯群众一针一线，替民众谋利益，对友军要亲爱，对革命要忠实。如果违犯民族利益，愿受革命纪律的制裁，同志的指责。谨此宣誓。

这誓言犹如催征战鼓，激励八路军将士到前线勇猛杀敌。朱德总司令在会上号召全军指战员："到华北去！

到敌人后方去！开展伟大的游击战争！"

　　9月6日，左权由陕西省云阳镇先行出发，经蒲城、澄城、合阳，抵达韩城县芝川镇，为八路军总指挥部和直属部队渡河做准备。15日，左权与朱德、任弼时、邓小平登上牛皮船合成的大排船，在芝川镇渡过黄河天险，进入山西境内，经荣城、西畅村、北阳城、三家店至侯马，然后乘火车直奔太原。9月23日，左权随八路军总部抵达五台山的南茹村。从此，八路军加入阎锡山指挥的第二战区战斗序列。

　　9月25日，左权在南茹村辅佐朱德、彭德怀、任弼时指挥一一五师取得了平型关大捷，歼敌1000余人，击毁汽车一百余辆，缴获了一批辎重和武器。平型关战斗是华北战场上中国军队主动寻歼敌人而第一次取得的大胜仗，它打破了日本皇军不可战胜的神话，振奋了全国人民的心，提高了共产党和八路军的威望。

平型关战斗后，根据党的战略方针，八路军主力迅速展开，抢占山区战略要地，开展游击战。在朱德、彭德怀的领导下，左权以八路军总部名义，指挥主力部队分布于进攻忻口的日军之两翼及侧后，以及平汉线、雁北各地，以伏击、截击、扰乱等手段，破坏敌人的交通运输，切断敌人的接济与增援，将代县、平型关、灵邱、蔚县至张家口的交通线完全破坏，收复了繁峙、平型关、灵邱、广灵、浑元、蔚县、西合营、阳泉、涞源、紫荆关等失地。在平汉线活动的八路军又收复了曲阳、唐县、平山、完县、

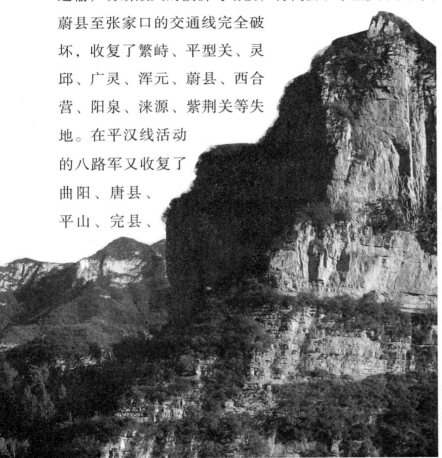

行唐、满城，进逼保定。在雁北活动的八路军不断截击雁门关及其通往大同大道，光复了宁武、阳方口、平鲁、井坪，使敌人联络中断。这样，进攻忻口的日军处于孤立无援的状态中，粮尽弹绝，机械化部队因缺汽油，全部瘫痪。

1937年11月8日，太原失陷，国民党在华北正面战场主防线瓦解，我党领导的人民武装开展的敌后独立自主游击战进入主要地位。朱德、彭德怀、左权根据中共中央关于华北部队尽量分散于各个要地，组织民众武装，力争使山西大多数乡村变成游击根据地的要求，于11月11日作出决定，八路军将以五台山、太行山、管涔山、吕梁山为依托，分散于各个战略要点，建立根据地。一一五师政委聂荣臻率领独立团、骑兵营、师教导队等3000余人留驻五台山，负责创建晋察冀根据地；一二○师在贺龙、关向应率领下，进入管涔山脉地区，负责创建晋西北和大青山根据地；一二九师开赴晋东南，创建以太行山为依托的根据地；一一五师主力随总部转移到汾河流域与晋南阻敌南进之后，一一五师主力转向吕梁山创建晋西南根据地，八路军总部转向太行山。

总部到达太行山，进驻洪洞县马牧村。左权和朱德、彭德怀组织部队学习中共中央关于建立抗日根据地的指示，发动群众，成立游击队，开展游击战争，建立抗日民主政权。在工作之余，左权给在醴陵家乡的母亲写了一封长信，控诉了日军的滔天罪行。他在信中写道：

"在被日寇占领的区域内，日本人大肆屠杀，奸淫掳抢，烧房子……实在痛心。有些地方全村男女老幼全部杀光，所谓集体屠杀，有些捉来活埋活烧。有些地方的青年妇女，全部捉去，供其兽行。……日寇不仅要亡我之国；并要灭我之种，亡国灭种惨祸，已临到每一个中国人民的头上。"

左权在信中还热情地宣传了中国共产党的全面抗战

太行山

路线，并对国民党片面抗战路线表示了极大的忧虑。他说："现全国抗日战争，已进到一个严重的关头，华北、淞沪抗战，均遭挫败，但我们共产党主张救国良策，仍不能实现。"这是"政府政策上的错误，不肯开放民众运动，不肯开放民主，怕武装民众，怕改善民众的生活。……我们曾一再向政府建议，并提出改善良策，他们都不能接受。这确是中国抗战的危机，如不能改善上述这些缺点与错误，抗战的前途，是黑暗的，悲惨的。""我们不管怎样，我们是要坚持到底，我们不断督促政府逐渐改变其政策，接受我们的办法，改善军队，改善指挥，改善作战方法。"

左权在信中还希望家乡人民武装起来，成为抗战中的一支劲旅。他说："现在政府迁都了，湖南成了军事政治的重地，我很希望湖南的民众大大的觉醒，振奋起来，组织武装起来，成为民族解放自由战争中一支强有力的力量。因为湖南的民众，素来是很顽强的，在革命的事业上，是有光荣历史的。"

最后，左权在信中描绘了华北军民鱼水情深，和不歼顽敌誓不休的革命意志和斗争精神。信中说："我军在西北的战场上，不仅取得光荣的战绩，山西的民众，整个华北的民众，对我军极表好感。他们都唤着'八路军是我们的救星'。我们也决心与华北人民共艰苦，共生

死。不管敌人怎样进攻，我们准备不回到黄河南岸来。我们改编为国民革命军后，当局对我们仍然是苛刻，但我全军将士，都有一个决心，为了民族国家的利益，过去没有一个铜板，现在仍然是没有一个铜板，准备将来也不要一个铜板。过去吃过草，准备还吃草。"

左权远在湖南醴陵故乡的母亲张氏读了此信，甚为感动，她为自己有这样一个儿子而感到无限欣慰。

府城大道阻击战

1938年2月，国民政府军事委员会颁布了"一、二战区即日反攻！"的命令，组织了西路军、南路军、东路军，准备反攻太原。西路军由阎锡山指挥，驻临汾；南

中国抗日战争纪念馆

路军由卫立煌指挥，驻垣曲；东路军由朱德指挥，驻洪洞马牧村。但日军华北方面军很快侦悉了中国军队这一部署，立即采取先发制人的手段，调集108师团、20师团、25师团、109师团等10余万人，采用分进合击的战术，兵犯晋南，企图达到压迫中国军队于黄河以北地区，聚而歼之的目的。八路军总部面临着被日军合击的危险，因此，八路军总部决定撤离洪洞，迎着日军东进上党。2月22日，朱德、左权率总部机关和特务团二营到达安泽县府城。此时，八路军总部前锋骑兵排已与日军遭遇，情况十分危机。

打还是不打？打，敌我力量太悬殊。八路军总部身边只有3个警卫连，一二九师和一一五师远在正太路、晋西一带阻敌。总部特务团几天前都分散到附近的武乡、襄垣、屯留、潞城等地发动群众，帮助成立抗日团体和抗日武装去了。要是不打，大路朝天，各走半边，敌进我亦进，总部可安全转移，避免一场危险。但是，临汾就会失去东部屏蔽，军用物资来不及抢运，沿途各县老百姓也来不及转移，总部背后友军就可能腹背受敌，被敌人击溃。最后，朱德、左权决定这一仗一定要打，用3个连的兵力把敌人拖住，迟缓敌人对临汾的合击，掩护各机关和群众转移。

左权以总部3个警卫连设置了两道防线，一个连被安置在安泽、屯留交界的三不管岭，组成第一道防线；另外两个连在府城以东的对口店、郭都岭一带控险居要地布设了第二道防线。左权布置好队伍后，便与朱德总司令飞马来到第一道防线。

22日上午10时左右，三千多日军浩浩荡荡地开到三不管岭，与八路军的第一道防线接上火。日军是108师团的104旅团，旅团长苦米地是日军中一位能征惯战的猛将，善用"拖刀计"。在战斗中他往往遍烧民房，假意撤退，然后回兵猛扑，大杀回马枪；或者在围城时，大张旗鼓撤围，在半路上设埋伏，一旦守城部队出城追击，

常常被他埋伏的部队聚歼，城防不攻自破。为此，他得过日本大本营勋章。对手是个十分狡猾的家伙，不能轻敌。左权命两个参谋和部分警卫护送朱德总司令去第二道防线指挥，自己指挥第一道防线。

日军先是飞机轰炸，接着大炮远近炮击，之后，步兵开始冲锋。八路军战士在左权的亲自指挥下，以逸待劳，打得十分英勇。他们以一当十，顽强地抗击着敌人的攻击。敌人虽然几经冲杀，但阵地始终在我手中。激烈的战斗打了整整一天，附近群众都已安全转移，左权指挥战士仍坚守在阵地上。

深夜，敌人在山下烧房子，远近升起了熊熊大火。苦米地又玩他的"拖刀计"了。他以为八路军会放弃阵地追击，上他们的圈套，但苦米地想错了，今天他遇到了对手，这个曾在黄埔军校、苏联伏龙芝军校深造过，身经百战的智勇双全的八路军副参谋长怎么会上当！左权命令部队后撤，反其道而行之。部队撤到了第二道防线。

23日上午，日军进到府城以东的沁河连，要强渡沁河。朱德、左权指挥第二道防线上的八路军以猛烈扫射封锁河面，敌人连续冲锋3次，未能前进一步。于是日军指挥官用他们惯用的钳击战术，佯攻对口店、敦都岭一带，主力绕道沿着沁河由北向南，从前后高壁滩、高壁、东庄、断头街分两路夹击府城。日军绕道迂回，沿途受到八路军和地方武装的袭扰，死伤无数，进展缓慢。这次战斗歼敌200多人，击毁敌运输车80多辆，缴获敌人数百包军衣、军毯，以及大批枪支弹药和大量食品。朱德、左权得到附近群众和临汾友军已经撤退完毕的准确报告后，才带领队伍撤出战斗。

朱德、左权指挥的这次府城大道阻击战共激战4天3夜，安泽县45个村庄的群众安全转移，无一人遭日军杀害。日军企图把山西的中国军队完全包围在山西的西南部，以便发挥他们机械化部队的火力，整个地加以歼灭的企图没有得逞。八路军反而乘机深入敌后，建立了上党抗日根据地。

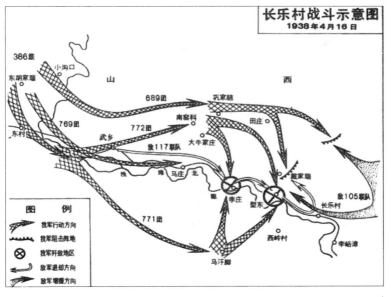

长乐村战斗示意图

长乐村战斗

1938年4月，日军认定八路军主力在晋东南，便以日军108师团为主力，从正太、同蒲、平汉几条战线调动了3万多兵力，配以骑兵、炮兵、工兵、辎重兵，分头从我晋东南根据地周围的博爱、邯郸、邢台、石家庄、阳泉、榆次、太谷、沁县、长治作九路向我分进合击，妄图在辽县、榆社、武乡、襄垣地区一举消灭我八路军，吃掉我总部首脑机关，摧毁我抗日根据地。

朱德、彭德怀、左权周密部署完反围攻战役后，由沁县小东岭进驻武乡县城西北的马牧村。八路军总部到马牧村不久，敌人攻陷了武乡。日军找不到八路军总部，找不到八路军主力，便残杀群众。武乡一条大街，只剩些断垣残壁。满街是来不及躲避的老百姓的尸体。这县城东北的刘庄，在一个土窑洞里就堆有40多具尸体，都是老太太、小孩和年轻妇女。凡年轻的妇女，下身都被剥光，脸和乳头都被咬破了，那些衣冠禽兽将她们奸污后，便用刺刀将她们活活刺死。日军沿途大小村镇都化为一片焦土。近二万户房屋被烧，近万名同胞被杀害。

4月11日，一股敌军闯到八路军总部所在地马牧村。当时总部身边只有一个警卫排，形势危急，左权趁敌人休兵的机会冲出包围圈，直奔沁源，汇集特务团、六八七团、六八八团和抗敌决死队一纵队一起围攻沁源县城。

这股敌军只好撤回，援助沁源，这样解了总部之围。16日，敌人108师团被我军包围在长乐村一带，左权亲临现场指挥，经过激烈战斗，歼敌2000多人，缴获马步枪千余支，轻重机枪100多挺，还有大批的辎重。

长乐村战斗的胜利，标志着敌人气势汹汹的九路围攻，经过中国军队23天的攻守，被完全粉碎了。敌人九路围攻被粉碎后，晋东南这一抗日根据地更加扩大了。从22日至27日，辽县、黎城、潞城、武乡、沁县、高平、晋城、长治、襄垣等十几座县城相继收复，日军被赶出了晋东南。这场战斗的胜利，为冀鲁豫抗日根据地的形成，奠定了坚实的基础。

这次战斗后，八路军总部根据党中央关于抓住大好时机，迅速由山地向平原发展的指示，飞兵下太行，东出冀鲁豫。一部分向敌后进军，到达冀鲁豫平原、齐鲁

平原、冀中平原。另一部分向北深入绥远大青山地区以及冀东地区。八路军发动群众，建立民众武装，恢复政权，安定社会秩序，开展游击战，以建立冀鲁、冀中、冀东、大青山等新的抗日根据地。

百团大战

1940年夏，日本乘德国军队在欧洲迅猛推进，英、美无力东顾的机会，在加紧诱迫国民党投降的同时，加强了对敌后抗日根据地的讨伐。为了粉碎敌人的进攻和克服国民党投降危险，华北八路军所属部队乘青纱帐和雨季时期对华北敌军发动一次大规模的进攻作战。随着战斗的展开，陆续参战的部队增加到105个团，约20余万人，被称为"百团大战"。

百团大战进行了三个半月，前后共分三个阶段。战役的第一阶段（8月20日至9月10日）是交通总破袭战，破坏敌人的主要交通线，重点摧毁正太路。8月20日夜，参战部队、游击队、民兵同时向敌人发起攻击，破袭正太、同蒲、平汉、德石、平绥、北宁、津浦、白晋等铁路交通线，歼灭一大批日伪军。敌人猝不及防，仓皇应战，顾此失彼，损失惨重。八路军攻占了许多据点和车站，破坏了日本占据的华北重要燃料基地井陉煤矿，截断正太路一个多月。战役的第二阶段（9月22日至10月

上旬）继续袭击交通线两侧敌人和摧毁深入根据地内的
日伪据点，并发动对榆社、辽县、涞源和灵丘等地区的
攻城战斗。由于连续作战过于疲劳，加以技术装备落后，
除榆社得而复失外，均未攻克。此后，敌人调集大批兵
力对根据地进行疯狂报复"扫荡"，人民军队展开了英勇
的反"扫荡"作战，"百团大战"进入第三阶段。10月
30日，关家垴战斗打响了，这是百团大战的最后决战。
左权亲临前线指挥作战，在离关家垴两里地的一个山坳

里，临时搭起了一个草棚，当作左权的临时指挥所。战斗一打响就十分激烈，敌人飞机、大炮都用上了，双方接近的地方，不但相互能见到，还拼上了刺刀，阵地上硝烟弥漫，枪弹横飞。指挥所不仅能听到各方战斗的枪声，有时子弹就在草棚的上空呼啸飞过，敌机也不时盘旋飞越草棚上空，盲目地把炸弹扔在指挥所附近，震得草棚频频发抖。左权镇定沉着地指挥部队，直到战斗胜利才离开这里。关家垴一战，我八路军集中三八五旅、

平型关

五八六旅、新十旅以及决死队一纵队、总部特务团军部，全歼日寇片山旅团冈崎大队八千余人。历时三个半月伪百团大战，至此胜利结束。

百团大战中，八路军和华北广大人民群众共战斗1824次，毙伤日军20645人，毙伤伪军5155人，俘虏日军281人，俘虏伪军18400余人，拔掉敌伪据点2993个，缴获步、马枪5400余支，轻重机枪200余挺，并缴获大量弹药、军用物资。破坏铁路948里，公路3000余里。破坏摧毁敌矿山、桥梁、车站、工厂、隧道260多处。百团大战使全国军民看到，八路军在极为困难的条件下，不仅发展壮大起来，而且能够给敌人以强有力的打击。这次战役振奋于全国人民争取抗战胜利的信心，以事实驳斥了顽固派对共产党、八路军的诬蔑，锻炼了人民军队，提高了共产党和八路军的威望，对坚持抗战，遏制当时妥协投降暗流，争取时局好转起了积极作用。敌人在遭受打击后惊呼"对华北应有再认识"，并由华中增调兵力来华北，对华北抗日根据地实行"更大规模的报复作战"。百团大战后，全国许多报纸发表了庆祝社论，大后方的民众纷纷寄来祝词和慰问信。毛泽东也曾给予高度评价："百团大战实在振奋人心。"

黄崖洞保卫战

左权县龙泉森林公园

1941年11月，日军对太行山区发动了以捕捉八路军总部首脑机关、摧毁八路军兵工厂为目标的"捕捉奔袭""扫荡"。日军三十六师团和四一九混成旅团，从山西黎城疯狂地向黄崖洞（地处辽县、黎城县边界）袭击，企图一举摧毁八路军总部水窑兵工厂。守备兵工厂的八路军总部特务团在七个守备区进入临战状态。左权直接指挥了黄崖洞保卫战，充分显示了他的高超指挥艺术。战前左权在电话中询问特务团长："板垣师团找上门来

103

了，冤家对头又碰上了，你们能顶住吗？""请首长放心，如果板垣师团还没有尝够挨打的滋味，那就让它再来领教一番吧！"特务团长自信地回答。当然，我们相信特务团全体指战员是知道应该怎样教训这些强盗的。不过，在战斗中，你们一定要抓一个'稳'字，坚持不骄不躁，不惶不恐，以守为攻，以静制动的原则。"接着左权具体讲了战斗方案和兵力分配。保卫战的具体战术叫"咬牛筋"，即把敌人咬住拖住以后，不骄不躁，以逸待劳。先在山口处顶两天，杀杀敌人势头；在第二道防线再顶两天，然后再上高山，待增援部队赶来再来个反包围。

10日晚，敌分两路进抵上河、赵姑村和上下赤峪一线。11日凌晨，敌主力向特务团守备的第四守备区之南口阵地偷袭三次，均未奏效，便施放大量毒气。特务团指战员坚守阵地，沉着应战，并及时抢救中毒人员。我七连在一天内连续打退敌人十余次进攻，杀伤敌人300余人，阵地屹立不动。12日，从南口败退之敌转攻第五守备区桃花寨四连阵地；四连奋起迎敌，激战至14日上午，因众寡悬殊，主阵地失守，四连转移阵地。15日上午，敌人在增兵和配备重武器后，分左、中、右三路进攻水窑口，坚守水窑口的八连在三面受敌的情况下，顽强战斗，连续打退敌人七次冲锋。下午，敌人分左右两翼向水窑口发起猛攻，并使用燃烧弹、毒气，均未得逞。

16日下午，敌人在强大火力支援下，再次发动猛攻，并用喷火器烧毁了水窑口的核心工事，坚守工事的12名战士全部壮烈牺牲。此时，兵工厂职工已安全转移、生产机器或转移，或埋藏好。八连和坚守后水窑口工厂的七连在埋设地雷后撤退。17日拂晓，日军进入7区，遭到地雷杀伤。日军占领厂区后，兵分左中右三路向西进攻，企图夺取一营防守的高地。一营战士与敌激战五个多小时，歼敌大部。

黄崖洞保卫战的最后一次战斗在三十亩、曹庄一线，八路军在此设伏。19日，日军沿此线退却。当日，风雪交加，漫天皆白，伏兵与山石共色，敌人未能发现我军，11时敌军全部进入我伏击圈。在我军枪林弹雨夹击下，敌人顿时混窜，狼狈不堪地朝黎城方向溃逃。我军乘胜追击，21日收复黎城。经过八昼夜激战，黄崖洞保卫战取得了辉煌战绩，以1500余人的特务团抗击了5000多日军的进攻，歼敌1000余人，敌我伤亡之比为六比一，开中日战况上敌我伤亡对比空前未有之记录。中央军委在《一九四一年战役综合研究》中指出，黄崖洞保卫战"应作为我一九四一年以来反'扫荡'的模范战斗。"八路军总部授予特务团"黄崖洞保卫战英雄团"的荣誉称号。

左权所以能够胜利地指挥部队，不断地取得胜利，是和他的军事理论修养分不开的。左权虚心好学，勤奋工作，潜心著译，孜孜不倦，因而军事理论修养很深，斗争实践经验丰富，对人民军队军事理论、战略战术、参谋工作、后勤工作等方面，均有建树，是不可多得的军事人才。周恩来曾称赞他是"一个有理论修养同时有实践经验的军事家。"在抗战期间，左权很细心地研究毛泽东《抗日游击战的战略问题》《论持久战》等军事著作，研究敌人的战略战术，结合实际写了《埋伏战术》《袭击战术》《"扫荡"与反"扫荡"的一年》《战术问题》《论晋察冀边区反"扫荡"的伟大胜利》《开展反对敌人蚕食政策的斗争》《论军事思想的原理》等军事著作。这些著作以马列主义理论为指导，总结了中国革命战争的实际斗争经验，提出了我军作战的一些正确的军事原则。左权的这些军事著作，对于贯彻执行中央的战略方针，提高部队的战术水平，起了重大作用。

名将陨落中华悲恸

　　1942年2月，日寇对太行山的扫荡失败后，便在太行山周围加紧推行"蚕食"政策，派汉奸四处活动，建立特务情报组织和反动据点，封锁山口，加紧掠夺，企图缩小我军的迂回地区，妄图挫败我军主力和袭击我八路军指挥机关。4月16日，日军华北指挥部下达了"晋冀豫边区C号肃正作战计划"调集第一军之三十六师团、四十一师团、六十九师团及独立第九旅团共3万人，气势汹汹地向八路军总部所在地压来。日军除了有隶属师团的步兵联队，山炮兵大队，还有空军第二十九独立飞行队，并从三个师团中特别抽调两个联队分别组成"特别挺进杀人队"。

　　当时，我主力部队大都已转移出外线，只有中共中央北方局和八路军总司令部、野战政治部、供给部、卫生部、军械部、军工部以及新华日报社和北方局党校还在敌人的合击圈内。而且整个后方机关的兵力很少，有司令部警卫连、野战政治部的保卫连、后勤部的警卫队、北方局的警卫排、一个警卫首长的警卫班，其余都是非武装人员。日军却是3万人马，披坚执锐而来，确实有太行压顶之势。我八路军领导彭德怀、左权，野战政治部主任罗瑞卿、供给部长杨立之、北方局党校副校长杨秀峰等各部首长连日开会，研究对策，决定在敌人分路合击时，乘隙钻出合击圈，然后在日军扑空撤退时，伺机集中兵力歼其一路至几路。

5月23日，总部各部门奉命出发。

在我军转移路上，敌人布置了一道道封锁线。由于后勤部门对敌情估计不足，心存太平观念，转移时携带物资太多，没有战斗经验的工人行动也不敏捷，上千匹骡马挤在大路上，一夜才走了20多里，影响了整个行动

太行山

计划，让敌人发现了合围目标。左权十分焦急，他要警卫员把各部负责人找来开会商量，他指出："一夜只走了20里，这样下去不行。现在后勤部、总司令部、政治部、北方局机关和警卫部队挤在一起，几千人在这十字岭周围，目标过大，敌人合击，飞机轰炸，后果不堪设想。现在只有分路突围，后勤部人马多，单独一部，往东北先走。"左权派两个参谋先去侦察，并派部队护送后勤部突围。左权率司令部和北方局沿清漳河由南向北突围。罗瑞卿率野战政治部和党校、新华日报社向东突围。

日军发现了八路军分路突围的意图，快速收缩包围圈，大队炮、四一式山炮、九四式山炮、重掷弹筒从各个不同方位，密集炮击突围队伍。日军飞机也追着人群投弹、扫射，刚整理好的队伍又混乱了。左权高声喊道："同志们，不要怕飞机，不要光看天上的敌人，更要注意地面的敌人，快冲啊！"

左权回过头来，见彭总还没有走，立即奔过来说："副总司令，你的转移路线由王科长负责，立即就走。"

彭德怀见漫山遍野的突围人员尚未突出去，后勤的骡马被射杀不少，物资扔得到处都是，被服厂的新工人，机要部门的女同志，被炮弹吓得四处奔跑。他坚定地说："不，你先走，我指挥这里！"

左权见彭德怀毅然不动，严肃地说："彭老总，不要争了，你现在是总指挥，首先想到的不是左权，而应该是整个机关、部队，八路军指挥机关，不能没有你。"

彭总考虑一会儿，无可奈何地说："你千万保重，我等你们胜利归来！"彭德怀与左权在十字岭下握别。

十字岭周围成了烟山火海，日军野兽般的吼声和掩护部队的喊杀声、枪声、炮声、手榴弹的爆炸声，交织成震耳欲聋的响声，硝烟几乎把白昼变成了黑夜。

这时，太阳已偏西，左权组织队伍继续突围。日军的炮口对准了十字岭东阳坡上的突围人员，敌机在头上盘旋，天上、地下已织成一张火网。左权登上一块高地，从容不迫地指挥着队伍突围，他不断用嘶哑的声音高喊着："不要隐蔽，冲出山口就是胜利，同志们冲啊！"就在这时，一颗罪恶的炮弹飞来，落在左权身旁爆炸。左权头部挂了花，鲜血如注，壮烈牺牲，年仅36岁。

"参谋长！""参谋长！"大家悲痛欲绝地哭喊着……

青山在颤抖、江河在鸣咽，左权同志就这样悄悄地离开了他的战友和同志们！

在左权后边的党校学员李克林、穰明德等人拣了一个草黄色的背包，把背包打开，覆盖在左权身上，然后把左权的遗体安放在一堆灌木丛中，再在灌木丛上面盖满了青枝绿叶……

左权壮烈牺牲的消息，震撼了华北大地。得知左权

牺牲，身经百战的彭德怀副总司令两眼望着窗外，一动也不动。朱德总司令手持左权血染沙场的电报默然致哀良久，挥泪写下了悼诗：

> 名将以身殉国家，
> 愿拼热血卫吾华。
> 太行浩气传千古，
> 留得清漳吐血花。

周恩来、叶剑英、陈毅、陶铸、刘伯承、邓小平、聂荣臻等领导人先后发表了纪念左权将军的悼诗、悼词、挽联和文章。

1942年9月18日，曾经是八路军总部驻地的辽县更名为左权县，以此纪念烈士。

左权牺牲后，根据彭总的指示，在当时战争的特殊条件下，在牺牲地麻田十字岭挖了一个长长的小坑，暂时掩埋了左权将军的遗体。

1942年10月10日，晋冀鲁豫边区政府在涉县石门修建了左权陵墓和纪念塔，并将左权将军的遗体移葬石门村。彭德怀副总司令亲自撰写和手书了《左权同志碑志》，镌刻在左权将军纪念塔的左侧。碑志说：

左权纪念碑

左权纪念亭

左权同志，湖南醴陵人。幼聪敏、性沉静。稍长读书，即务实用，向往真理尤切。1924年参加中国共产党，献身革命，生死以之。始学于黄埔军校，继攻于苏联陆大。业成归国，戮力军事，埋头苦干，虚怀若谷，虽临百险，乐然不疲。以羸弱领军长征，倍见积极果决之精神。中国红军之艰难缔造，实与有力焉。迨乎七七事变，倭寇侵凌，我军奋起抗敌，作战几遍中原。同志膺我军副参谋长之重责，五年一日，建树实多。不幸1942年5月25日清漳河战役，率偏师与10倍之倭贼斗，遽以英勇殉国，闻得年仅三十有六。壮志未成，遗恨大行。露冷风凄，恸失全民优秀之指挥；隆冢丰碑，永昭坚贞不拔之毅魄。德怀相与也深，相知更切。用书梗概，勒石以铭，是为志。

彭德怀谨撰并书

中华民国三十一年双十节

左权将军牺牲了，但他那勤奋好学，公而忘私的精神永在人间，鼓舞着我国人民为祖国的繁荣富强而努力奋斗！

左权将军殉难处纪念碑

名将之女忆往事

　　左权将军的唯一骨肉左太北，有着父亲性格中的那份刚毅和血性。左太北对于父亲最初的记忆，仅仅是靠一些模糊的照片。儿时的她只是从老师、亲人和父辈们的关爱里，知道父亲是抗日名将、民族英雄。她和父亲、母亲在一起的日子只有3个月，那时她尚在襁褓之中。那段日子永远地留在了山西武乡县砖壁村奶奶庙。

　　提起母亲刘志兰，左太北感到非常骄傲："母亲与彭德怀夫人浦安修是北师大女附中的同学和好友。'一二·九'运动时期母亲很活跃，是北师大女附中'民先'队长，许多老同志对年轻时的她记忆犹新。"

　　据说，刘志兰被公认为"领袖夫人中的头号美女"。刘志兰从小生长在北京，和她的六个姐妹个个如花似玉，被誉为七仙女。她身段玲珑，肌肤雪白，讲话时声音清亮。不仅如此，她博览群书，文采好，下笔千言；更有一手好书法，北师大女附中的不少同学以其字为帖。当年，刘志兰为许多异性所爱慕。到延安之后，刘志兰、浦安修、叶群被称为延安的"三美"。

1939年2月，刘志兰随中央巡视团到太行山巡视，代表中央妇委讲话，一下子引起朱总司令夫妇的注意。朱总司令很关心左权的婚事，多次和夫人康克清商量要给左权介绍个合适的对象，但左权对女友要求高，从苏联学习回国10年一直独身。刘志兰有才有貌，能力超群，左权该满意了吧？果然，朱老总一探口风，左权笑而不语——他也在想着刘志兰呢！

左权将军全家福照片

吊左权同志于太行山与日寇
作殊死战我清薄江畔

名游以身殉同寇
愿拼热血卫吾华
太行浩气传千古
壮烈清漳吐血花

志兰同志
志代 一九四七年
六月十八

左权牺牲63周年祭文

朱总亲自出马，找到了刘志兰。老总问明刘志兰还没有男友后，就坦言向她介绍左权："这事用不着多考虑啦！我看你们二人彼此都不会有意见。"康克清也对刘志兰说："像左副参谋长这样的人，这样的条件，怕你到别处再难找到第二个了。"

1939年4月16日，左权、刘志兰在八路军总部潞城北村结婚。左权极为珍惜自己的婚姻，对妻子呵护有加。不久，刘志兰怀孕，早期反应很厉害。当时她住在北方局妇委，左权每天傍晚都骑马从总部驻地去看她，一直持续两个多月，这在行伍出身的高级将领中实不多见。周围的男同志都知道参谋长"爱老婆"，女同志都羡慕刘志兰有个体贴的丈夫。婚后一年，刘志兰就为已35岁的左权生下了宝贝女儿左太北。左权将妻女接回总部，夜里亲自爬起来为女儿换尿布，做得比妻子还细致。1940年8月，因筹划"百团大战"太忙，刘志兰带女儿回到了延安。两人远隔，思夫心切的刘志兰情绪不稳定，刚离开前线又想重返前方和丈夫在一起，她给丈夫写了很多信。左权百忙中给妻子回信，反复安慰妻子，不厌她的牢骚，每封信里都有"志兰，亲爱的！紧握你的手！……"语语深情。信中，左权详细描述了前方残酷的战斗，说每逢敌人扫荡，女同志和小孩子是极受罪的。他劝妻子安心："尽管我可能会越走越远，只要我俩的心紧紧靠在一起，一切就没问题了！"

然而分别21个月后，左权却牺牲在山西辽县十字岭"反扫荡"的战斗中……

关于父亲的更多故事，深陷悲痛中的母亲从未对太北讲过，后来照顾过她的彭德怀伯伯也很少提及，因为"经历过战争的人都不愿回顾战争"。

"只有一次，彭伯伯回忆起父亲，深情地说，'你爸爸一定知道，那次敌人打的第一颗炮弹是试探性的，第二颗炮弹准会跟着来，躲避一下是来得及的。可他为什么没有躲避呢？要知道，当时十字岭上正集合着无数的同志和马匹，你爸爸不可能丢下部下，自己先冲出去。他是死于自己的职守，死于自己的岗位，死于对革命队伍的无限忠诚啊！'"

左权将军牺牲后，小太北在延安保育院长大。那时，毛主席每次来看望孩子们，总要问：左权的女儿在哪儿？然后抱一抱小太北。1952年6月1日，在北京八一小学上学的左太北和几名同学代表少先队员到中南海向毛主席献花，得知她是左权的女儿，主席面色一下子凝重起来，

左权县柏峪村

关切地问：妈妈怎么样了？周末在哪里过？随后主席拉着太北的小手并郑重地和她合影留念。

1957年，因为母亲到外地工作，在北京师大女附中读书的左太北，被接到了彭德怀的家里，一住就是两年多的时间。在她的印象里，彭伯伯总是慈祥的，和他在一起没有任何距离。"彭伯伯对'吃'特别注重，他并不讲究吃得好不好，但很在意大家吃饱了没有。每次看到我扒拉两下就把饭菜一扫而光，他都一副高兴的样子。我想，彭伯伯对'饿'的感觉体会太深了，他当初参加革命就是'为了大家都有饭吃'。"

左太北永远记得1962年彭伯伯为她题的词："送太北，希望你永远青年"。"那是他最受压抑的时候，他是在希望我不要受到任何磨难，永远能保持开朗、乐观。他见过的苦难太多了……"

"我从不为享受不到父爱而遗憾，我的生命中有爸爸、彭伯伯两个伟大的人，我觉得特别幸福。"想到这些，左太北仍然眼角含泪。

1982年5月，左太北收到了母亲寄来的3份历史珍物，这些都是在"文革"中被查收，1981年底才返还给刘志兰的。其中一份是左权将军在与妻女分别的21个月里，写给妻子的11封信（实有12封，一封遗失）。

读着这些信，左太北泪如泉涌，放声痛哭。将军对

女儿的爱穿越历史烟尘扑面而来，42岁的左太北第一次感受到了父爱。

"太北身体好吗？没有病吗？长大些了没有？更活泼了没有？方便时请一一告我。"

"记得太北小家伙是很怕冷的，在砖壁那几天下雨起风天气较冷时，小家伙不就手也冰冷，鼻子不通，奶也不能吃吗？……当心些，不要冷着这个小宝贝，我俩的小宝贝。"

"差不了几天太北就一岁了。这个小宝贝小天使我真是喜欢她。现在长得更大更强壮更活泼更漂亮，又能

左权县祝融公园

喊爸爸妈妈，又乖巧不顽皮，真是给我极多的想念与高兴。可惜天各一方不能看到她抱抱她。"

"不要忘记教育小太北学会喊爸爸，慢慢地给她懂得，她的爸爸在遥远的华北与日寇战斗着……"

将军的信，充满了对妻儿的想念和深爱。从这一封封信中，左太北触摸到了一个胸怀大爱、感情丰富的父亲。

"父亲特别了不起的一点是，他没有任何个人利益，为了国家和民族，他献出了自己的一切。从离家到牺牲，他17年没有回过家。在给我奶奶的信中，父亲说：日寇不仅要亡我之国，并要灭我之种，亡国灭种惨祸，已临到每一个中国人民的头上……我军将士都有一个决心，为了民族国家的利益，过去没有一个铜板，现在仍然是没有一个铜板，过去吃过草，准备还吃草。"

"在日本人叫嚣要轰炸延安的情况下，父亲在给母亲的信中两次谈到了若局势有变，怎么安置太北的问题。他在信中说，我虽如此爱太北，但如时局有变，你可大胆处理太北的问题，不必顾及我……父亲对所有事都是深思熟虑的，可以想见，他在指挥作战的间隙一直在考虑我的问题。这就是，必要的时候，准备把他的孩子也献出去。"左太北流泪了。

这封信写于1942年5月22日，三天后，左权将军壮

烈牺牲。

2002年，在母亲去世10年后，左太北主编出版了《左权将军家书》，以此作为对父母亲最好的纪念。

也就是从这些书信中，左太北才开始了解父亲。2000年退休后，她踏上了寻找父亲足迹的旅程。

几年来，她多次来到太行山，走遍了当年左权将军战斗和生活过的所有地方。在父亲的牺牲地——麻田镇十字岭，她一遍遍走着，仿佛感受到了那场战斗的惨烈；

在父亲一手建设起来的八路军兵工厂所在地——黄崖洞，她爬上了最高峰，当年八路军刷写的标语和激战后的弹壳依然还在；在她和父母唯一的家——砖壁村奶奶庙，听说左权将军的女儿回来了，全村百姓蜂拥而至，老人们抱着她不肯撒手，老泪纵横……"真正了解父亲就是在我退休后。"尽管对父亲的了解有些晚，但随着时间的推移，这份爱已经融进她的生命里。

左太北1965年毕业于哈尔滨军事工程学院，后在国家经委、国家计委、航空航天部等单位从事国防工业建设工作，2000年退休。

"所有在抗战中牺牲的人都是英雄，都应该被铭记。"左太北目前的最大愿望，就是在十字岭为所有牺牲的烈士树起一座纪念碑，刻上他们的名字。

"十字岭战役，我方损失惨重，日本人当作一个重大战绩至今仍在宣传，我们当时没有公布实情。一共有多少将士，被包围了多少人，牺牲了多少人，是哪些单位的？至今说法不一。其实在这次突围中，牺牲得比我父亲惨烈的还有很多同志。"左太北动容地说出一个个故事：八路军总司令部秘书长兼北方局秘书长张友清，在这次突围中被俘，一个月后被杀害在太原监狱；新华社华北分社社长兼北方局机关报"新华日报"（华北版）总编辑何云和40多个记者血染十字岭；3名女记者藏身于一个山洞，其中一名女记者的丈夫藏在对面的山洞里，他眼睁睁看着自己的妻子和同事奋勇还击后砸断手枪跳崖殉国；还有两名朝鲜义勇军也在这次突围中牺牲……"他们都是英雄。不应该提到十字岭战役，似乎只有一个左权。"

在左太北的心中，十字岭和八路军总部永远是神圣和庄严的。

2006年4月，左权县计划占用62户村民的麦田修建八路军广场、成立八路军兵器博物馆。左太北得知后，立即写信给当地政府表示反对。她说："抗日战争年代八路军没有大型兵器，有的只是小米加步枪，最大的武器是黄崖洞兵工厂自己生产的五零炮。大型兵器只有日寇有。当年八路军和麻田的人民一起把太行山这块少有的河滩平地变成了水稻飘香的小江南，现在要把一部分水稻田变成广场，种草坪铺绿地，我想这不是先辈们的意思！"

"让商业开发远离神圣的八路军总部"，是左太北发出的呼吁。

在这之后的几年里，打着在当地开发"红色旅游"的旗号，搞些与八路军毫不沾边的商业开发的事儿屡有发生，在左太北夫妇的奔走呼吁下，一些项目不了了之。她这个"不平则鸣"的性子也由此得罪了一些人，当地一位县委宣传部长甚至说出这样的话："我们不能因为领袖而永远贫困。"左太北感到了一种深深的悲哀："许多东西都会被遗忘的，但忘得也太快了些吧……"

如今，退休后的左太北和丈夫沙志强过着和普通人一样的生活。沙志强早年毕业于清华大学，也是老革命的后代，1972年和左太北结婚。退休后，除了集邮这个唯一的爱好外，就是和夫人一道致力于左权将军的文献资料整理工作。

他们的女儿左湘、儿子沙峰均已成家立业。虽是将军后代，但他们从不向外人炫耀自己的家世，遵照父母教导，低调做人，努力工作。在他们看来，这也许是对先辈们最好的告慰。

中华爱国人物故事
ZHONGHUA AIGUO RENWU GUSHI